Wilhelm Schmid

Von den Freuden der Eltern und Großeltern

Mit Illustrationen von Kat Menschik

Insel Verlag

Insel-Bücherei Nr. 2513

Inhaltsverzeichnis

Vorwort

Familie – ein Fossil aus längst vergangener Zeit? Das Wort vielleicht, sie selbst aber lebt in Wirklichkeit in immer neuen Formen auf. Familie ist überall dort, wo Menschen sich nicht gleichgültig sind, beginnend und bei weitem nicht endend mit zweien. Im 21. Jahrhundert existiert sie in großer Vielfalt mit oder ohne Kinder in einer oder vielen Wohnungen. Soweit Eltern und Großeltern nach wie vor Familie bilden, sind auch sie andere geworden. Selbst ein Leben ohne Familie ist möglich – bevor dann in vielen Fällen Freunde zur neuen Familie werden. Nichts und niemand muss in moderner Zeit noch traditionellen, konventionellen und religiösen Normen gehorchen. Die Formen des Lebens und Zusammenlebens sind zu einer Frage des Experiments geworden, denn wie sonst sollte ausfindig zu machen sein, wie sie unter veränderten Bedingungen aussehen können?

Gerade in der historischen und persönlichen Situation, in der Familie vielfach abgewandelt und auch verloren und verlassen werden kann, tritt ihre Bedeutung umso deutlicher hervor. Bei allen Veränderungen bleibt ihre Substanz stets dieselbe: Sie ist ein *Ort der Geborgenheit*, an dem gewöhnlich nichts zu befürchten ist, ein Wohnraum der Seelen, die wechselseitig auf sehr viel Wohlwollen vertrauen können. In der großen, unübersichtlichen Welt ist Familie der Bau einer kleinen, überschaubaren Welt, ausreichend in sich geschlossen, um vor äußeren Bedrohungen zu schützen, ausreichend offen, um Bewegung und Abwechslung zu ermöglichen.

Je ungewisser die Verhältnisse der äußeren Welt sind, desto stärker ist das Bedürfnis, sich in diesen Kokon von Abläufen einzuspinnen, in dem jede und jeder sich aufgehoben fühlen kann. Sein ganzes Leben lang kann der Einzelne von diesem Raum aus aufbrechen und zu ihm zurückkehren: Dort sind Menschen, die meine Geschichte kennen und ich ihre, die vieles mit mir erlebt haben und ich mit ihnen, Menschen, die sich aufrichtig für mich interessieren und ich mich für sie, die mir helfen und ich ihnen. Immer ist da jemand, der ansprechbar ist und wissen will, was ich erlebt habe, was ich mache, was ich vorhabe. Was unter anderen Bedingungen unerwünschte soziale Kontrolle wäre, wird nach vielen Befreiungen in moderner Zeit zur wünschenswerten Ressource der Aufmerksamkeit.

Zweifellos ist Familie auch ein *Ort der Auseinandersetzung*, hier ist reichlich Gelegenheit dazu, ohne schon gleich unkalkulierbare Konsequenzen befürchten zu müssen. Gegensätzliche Interessen und Meinungen machen sich bemerkbar und toben sich aus. Wechselseitig verschaffen alle sich

Erfahrungen, agieren und reagieren, streiten und versöhnen sich. Der Wunsch liegt nahe, sich all den Ärger zu ersparen, aber der Rest wäre sicherlich Langeweile. Zuweilen ist die Familie ein Irrenhaus, aber es lässt sich meist gut darin leben. In der Auseinandersetzung mit Anderen und der Abgrenzung gegen sie lernt jeder seine Vorlieben und Abneigungen, alle möglichen Gründe für und gegen seine Meinungen kennen und findet zuverlässiger als für sich allein zur Definition seiner selbst. Jede heftigere Auseinandersetzung, die durchgestanden wird, beantwortet die Frage, ob die Beziehung verlässlich und ernstgemeint ist und auch in der Gefahr noch Bestand hat.

In allen Belangen ist Familie ein *Ort des Lebenlernens*, ein Übungsfeld der Lebenskunst. Hier ist Menschenkenntnis zu erwerben und sind Umgangsformen einzuüben, auch aufgrund einer Sanktionierung durch die Anderen bei ihrer Missachtung. Hier entwickelt sich die Fähigkeit, Verantwortung für sich und Andere wahrzunehmen, Kompromisse einzugehen und Verabredungen einzuhalten. Mit dem umfassenden sozialen Wissen, das hier zu gewinnen ist, kommt »Sozialisierung« zustande, eine Befähigung zur Gesellschaft, die in moderner Zeit umso mehr zum Begriff geworden ist, je weniger sie sich von selbst verstand. Die kleine Zelle der Familie vermittelt einen Eindruck davon, wie schwierig es ist, Gemeinschaft zu organisieren, Fragen zu beantworten, Probleme zu lösen, Streit zu schlichten und Dinge zu verändern: Wie könnte das in der größeren Gesellschaft anders sein?

Forciert wird das Lebenlernen in der Familie durch Kinder, wenn die Erwachsenen sich darauf einlassen, mit ihnen von Neuem heranzuwachsen und das Leben und die Welt mit ihrer Entdeckungsfreude anders zu sehen. Mit ihnen ist zu lernen, wie sehr das Leben an Phasen gebunden ist, die aufeinander folgen. Stressresistenz wird in diesem Leben ganz nebenbei erworben, da Kinder immer wieder unvorhergesehene Situationen entstehen lassen, die nach schöpferischen Antworten verlangen; sie selbst erweisen sich dabei als sehr findig.

Familie ist schließlich ein *Ort der Sinnerfahrung und des Glücks*, zuallererst des Zufallsglücks, das darin besteht, zusammengewürfelt worden zu sein, nicht selten auch des Wohlfühlglücks: Sich miteinander wohlzufühlen, ist die Basis des Zusammenlebens. Und doch kann das Glück nicht nur aus guten Gefühlen bestehen, auch ungute müssen zeitweilig durchlebt werden. Das Zusammenleben kann mühsam sein, aber die Mühe wird reich belohnt: Menschen, die in verlässlichen Bindungen leben, werden deutlich weniger von der Frage nach dem Sinn des Lebens umgetrieben. Sinn ist erfahrbar in der sinnlichen Begegnung, im Austausch von Gefühlen und Gedanken und in der transzendenten Erfahrung eines Seins über das eigene Dasein hinaus. Jeder kann sich in Zusammenhänge eingegliedert fühlen. Je umfangreicher das Beziehungsnetz ist, desto vielfältiger sind die Zusammenhänge, die ganze *Sinnfelder* erzeugen und Halt geben können. Ein reiches Maß an Begegnungen und Erfahrungen reduziert die Gefahr innerer Verarmung in der Enge eines unterkomplexen Alltags.

In der Vertrautheit und Geborgenheit, die Menschen in der Familie empfinden können, ist der freie Austausch von Energien möglich. Es entsteht die menschliche Wärme, die das Leben intensiv spürbar macht und in der Menschen sich am besten entfalten können. All diese Gründe lassen erwarten, dass eine wachsende Zahl von Menschen die neuerliche Sorge um Familie zu einem Element ihrer bewussten Lebensführung, ihrer Lebenskunst macht.

1.

Die Liebe zwischen Eltern und Kindern

Familie im engeren Sinne ist, wo Kinder sind. Diese Erweiterung der Familie war zu allen Zeiten riskant: Bis in die Moderne hinein war bereits die Geburt mit Risiken für das Leben von Mutter und Kind verbunden, die Kindersterblichkeit war hoch, und eine Familie mit vielen Kindern ernähren zu müssen, war ein absolutes Armutsrisiko. In fortgeschrittener moderner Zeit besteht das Risiko darin, das eigene Leben einer unwägbaren Veränderung auszusetzen, Beruf und Familie nicht gut miteinander vereinbaren zu können, zumindest teilweise auf Einkommen und Karriere verzichten zu müssen, und viele Alleinerziehende sind noch dazu von einem relativen Armutsrisiko bedroht.

Anders als in vormoderner Zeit sind Kinder nicht mehr automatisch Bestandteil einer Familie, vielmehr stellt sich die Frage: *Sollen zur Familie auch Kinder gehören?* Gegen Kinder kann sprechen, dass sie Arbeit machen, Pläne durchkreuzen, das persönliche Wohlfühlglück stören, einer problematisch erscheinenden Welt ausgesetzt werden müssen und krank zur Welt kommen können. Gescheut werden kann die Festlegung des Lebens, durch die die gewohnte Freiheit und Beweglichkeit spürbar eingeschränkt wird, privat wie beruflich. Kinder nehmen noch dazu die Lebenskraft der Eltern vorübergehend stark in Anspruch, und immer weniger Menschen sind bereit, das hinzunehmen. Auch die Beziehung zwischen zweien kann durch Kinder belastet werden, die sehr viel Aufmerksamkeit für sich beanspruchen, und sollte die Beziehung darüber zerbrechen, bleibt vielleicht einer mit der Belastung allein zurück. Überdies kosten Kinder Geld: Je moderner die Gesellschaft, desto penibler die Berechnung der materiellen Kosten – aus romantischer Sicht ein klares Indiz für den Verfall der Liebe, denn wer liebt, rechnet nicht. Wer auf ein Kind verzichtet, kann vielleicht materielle Werte gewinnen – dass der Preis dafür ist, eine Liebe fürs Leben zu verlieren, wird er wohl nie in Erfahrung bringen.

Jede und jeder trifft eine eigene Wahl, niemand soll darüber den Stab brechen. Allerdings scheinen die Gründe, die für Kinder sprechen, im Laufe der Moderne zusehends ins Hintertreffen zu geraten: Es sind zuallererst *Gründe der Notwendigkeit*, denn wenn es weiterhin Gesellschaft geben soll, ist sie auf den Nachwuchs angewiesen, der den Älteren das Leben ermöglicht, das die Jüngeren selbst werden führen wollen, wenn sie ihrerseits älter werden. Auch *Gründe der Freiheit* sprechen für Kinder, um nicht nur die negative Freiheit *von ihnen* zu erproben, sondern auch die positive *zu ihnen*, die Entscheidung für sie. Ist die eigene Freude am Leben groß genug, um das Leben weitergeben zu wollen, geht damit auch die Zuversicht einher, die Kinder mit allem ausstatten zu können, was sie für ihr Leben brauchen.

Gründe des Glücks sprechen für Kinder, denn alle Arten von Glück sind mit ihnen zu haben: Das *Zufallsglück* ist selbst im Falle einer Familienplanung im Spiel, da sich die Art, wie die Kinder sind, zumindest zum Teil dem unvorhersehbaren Zufall der Begegnung dieses Samenfadens mit jener Eizelle verdankt. Sind sie da, schenken Kinder zahllose Momente des *Wohlfühlglücks*, wundervolle Erfahrungen, die nicht anders zu machen sind, was freilich wiederum nur die wissen, die sich darauf einlassen. Und Kinder repräsentieren das *Glück der Fülle*, denn mit ihnen zu leben heißt, mehrfach zu leben: Es gibt kein Leben neben ihnen her, nur ein Mitleben mit ihnen, mit ihren Freuden und Ängsten, Sorgen und Problemen. Dieses Leben in all seiner Polarität kann von größerer Intensität sein als das Leben mit sich allein.

Erst recht sprechen *Gründe des Sinns* für Kinder, denn sie können der Sinn des Lebens sein, eine Antwort auf die ewige Frage nach dem Woher und Wohin: Im stetig neuen Werden vollzieht sich die Evolution, im immerwährenden Kreislauf des Lebens zwischen Werden und Vergehen werden die großen Zusammenhänge erfahrbar. Das Leben selbst stirbt nie, sein nie versiegender Jungbrunnen sind die Kinder, daher vermittelt die Beziehung zu ihnen sogar mehr noch als die zwischen den Liebenden einen transzendenten Sinn, einen Zusammenhang über die Endlichkeit des Einzelnen hinaus.

Für Kinder da zu sein, sich von ihnen gebraucht zu fühlen, schützt vor der Fixierung auf sich und ermöglicht den reuelosen Verzicht auf eigene Freiheiten. Es bereitet Freude, ihnen das Leben zu erklären und dies damit zugleich für sich selbst zu tun, ihnen die Welt zu zeigen und deren Zusammenhänge jetzt selbst erst stärker wahrzunehmen. Auch die Liebe zwischen zweien kann enorm bestärkt werden von Kindern, bereits vom Gedanken, sie zu bekommen, erst recht davon, sie gemeinsam zu erziehen. Es mag sich um eine anstrengende und konfliktträchtige Arbeit handeln, aber die gemeinsame Verantwortung vertieft die Beziehung.

Schon vor ihrer Geburt, ja, lange vor ihrer Zeugung sind Kinder *ontologische Katalysatoren.* Sie repräsentieren die unterschiedlichen Ebenen des Seins (*on* im Griechischen). Bereits als reines *Möglichsein* sind sie wirksam. In ihnen verdichten sich Vorstellungen, Wünsche, Sehnsüchte, auch Befürchtungen, die die potenziellen Eltern dazu veranlassen, ihre eigene Wirklichkeit und die der möglichen Kinder zu überdenken. Lassen die Kinder dann den Zustand des Möglichseins hinter sich, verteidigen sie ihr entstehendes *Wirklichsein* vom Moment der Zeugung an impulsiv: Der Embryo, der sich in die Gebärmutterschleimhaut einnistet, überlistet das mütterliche Immunsystem, bevor die Körperabwehr ihn als Fremdkörper erkennen kann. Wenn das Kind »unterwegs ist«, erst recht, wenn es »da ist«, verwandelt es von einem Moment zum anderen alle Wirklichkeit um sich herum, versperrt Möglichkeiten und eröffnet andere. Mit magischer Kraft zieht es sämtliche Aufmerksamkeit auf sich und ordnet das Leben um sich herum neu.

Die Eltern erleben hautnah mit, wie dieses komplexe Wesen namens Mensch heranwächst, erst verborgen im Mutterleib, dann direkt vor den eigenen Augen. Wer im Leben noch nicht staunen gelernt hat, kann jetzt nicht mehr anders. Schon aus diesem Grund kann zwischen Eltern und Kindern eine *starke Bindung* entstehen, äußerst sinnerfüllend. Aber sie bringt auch *Einschränkungen der Freiheit* mit sich, die einschneidender ausfallen als bei der Liebe zwischen zweien, die jetzt auf eine harte Probe gestellt wird: Von Stund an gilt die Sorge immer und überall dem Kind, das in jedem Augenblick Ansprüche geltend macht, die so existenziell sind, dass es unmöglich ist, sich ihnen zu entziehen. Ohne Unterlass für das Kind da sein zu müssen, kaum noch ausruhen zu können, beeinträchtigt die Gemeinsamkeit der Eltern spürbar, sie haben kein Leben mehr nur für sich.

Wer im Leben noch nicht staunen gelernt hat, kann jetzt nicht mehr anders.

Oft kommen Paare nicht damit zurecht, weniger als zuvor füreinander da sein zu können, gerade jetzt, wo es doch am nötigsten wäre. Die intime Nähe schwindet ausgerechnet in dem Moment, in dem die Energie früherer Leidenschaft in inkarnierter Gestalt zwischen den Eltern liegt. Insbesondere in den ersten Tagen, Wochen und Monaten müssen Nächte durchwacht und lästige neue Arbeiten bewältigt werden: Kein Weg führt daran vorbei, mehrmals am Tag an Windeln zu schnüffeln. Endlos ist zu interpretieren und zu diskutieren, was das Kind braucht, was es will, was ihm fehlt, was zu tun und zu lassen ist. Sobald es sich zappelnd, dann krabbelnd selbst bewegen kann, ist die ständige Frage: Wo ist es, was macht es? Das Kind ist nicht nur sinnerfüllend, sondern auch anstrengend, nicht nur ein niedliches, kleines Wesen, sondern auch eines, das seine Bedürfnisse lautstark artikulieren und unnachsichtig Befriedigung verlangen kann.

Dass vielen Müttern jetzt alles unwichtig erscheint, was nicht mit der Sorge für das Kind zu tun hat, ist eine Folge hormoneller Veränderungen. Mit oder ohne Grund fühlen sie sich dabei oft mangelhaft unterstützt. Viele Väter wiederum bemerken verblüfft, dass sie jetzt von der Sorge um die materielle Absicherung der Familie umgetrieben werden. Sich selbst sehen sie dabei nicht selten vernachlässigt, etwa was die sexuellen Wünsche angeht. Bevor die Eltern danach fragen, wie sie ihre Beziehung wieder genießen können, tun sie erst einmal gut daran, sich bei möglichst vielen Arbeiten abzuwechseln, um den jeweils Anderen zeitweilig zu entlasten. Liebesdienste füreinander reduzieren sich bis auf Weiteres darauf, dem Anderen die Atempausen zu verschaffen, in denen er oder sie der dringend nötigen Selbstsorge nachgehen kann, um die Kräfte für die Zuwendung und Zuneigung zum Kind zu regenerieren.

Dann erst kommen die Monate und Jahre, die der üppige Lohn der Mühe sind: Mitzuerleben, wie das kleine Wesen robbend, kriechend, gehend, rennend sich und die Welt entdeckt, wie aus einem Schwall von Lauten Sprache wird und das entstehende kindliche Denken zu verblüffenden Schlüssen führt. Aber das Kind muss auch durch Krankheiten hindurch, um Widerstandskräfte zu entwickeln, und unweigerlich die Eltern mit ihm. In Trotzphasen muss es seinen Willen entdecken und am besten beizeiten schon die Erfahrung machen, dass es an Grenzen stößt, wenn die Durchsetzung des eigenen Willens zum Terror für Andere wird.

Familie mit Kindern bedeutet zwangsläufig *Familienstress*. Kurzzeitiger Stress belebt, anhaltender Stress macht krank und untergräbt Beziehungen; die Schwächen der Beteiligten treten stärker hervor, die Nachsicht füreinander schwindet, wechselseitige Vorwürfe häufen sich. *Stress*, vom lateinischen *distringere* und englischen *distress* für Beanspruchung, Anspannung, Enge, Druck, kommt aus diversen Gründen zustande:

1. Die Anforderungen sind zu hoch und die anstehenden Arbeiten werden nicht gut gekonnt. Aber ein *Können* lässt sich erwerben und verbessern durch Austausch von Erfahrungen mit Anderen, durch Aus- und Weiterbildung, durch Seminare und Lektüre von Fachbüchern.

2. Das, worum es geht, wird nicht alleine ge-

konnt, also ist es sinnvoll, *Anderen* die Situation zu schildern, gemeinsam mit ihnen nach Lösungsmöglichkeiten zu suchen und Hilfsangebote anzunehmen. Ansonsten droht die Gefahr, in der Überforderung unterzugehen.

3. Zu wenig Zeit steht zur Verfügung, ständig ist zu viel auf einmal zu tun, aber vielleicht lassen sich die Dinge in eine zeitliche *Abfolge* bringen, um sie nacheinander zu tun, das Unaufschiebbare zuerst. Ist zu viel Zeit für vergessene und verlegte Dinge aufzuwenden, hilft eine bessere Organisation.

4. Zu wenig Raum steht zur Verfügung, aber vielleicht lässt sich die räumliche *Aufteilung* ändern, damit die Nähe nicht zum Zwang wird und die Wege sich nicht ständig überkreuzen. Die wachsende Familie bräuchte mehr Raum, aber dafür müssen die Mittel erst erwirtschaftet werden.

5. Zu wenig Kraft steht zur Verfügung, aber dafür gilt: Wo auch immer die Kräfte verausgabt werden, inner- oder außerhalb der Familie – auf keinen Fall sollte ihre *Regeneration* vernachlässigt werden. Eine nie versiegende Kraftquelle ist das

Schöne im Sinnlichen, in Gefühlen, Gedanken und Begegnungen; daher die Frage an sich selbst: Was ist für mich schön? Und eine beständige Kraftquelle ist der Sinn, der aus Zielen und Zwecken resultiert; daher die eigene Klärung: Wofür mache ich das?

Die Beziehung zwischen Eltern und Kindern hat ihre eigene *Geschichte*, aus der heraus die Gegenwart verstanden werden kann. Lange galten Kinder nicht als eigenständige Wesen, sondern als Eigentum der Eltern, die beliebig über sie verfügen konnten. Die große Anzahl von Kindern in einer Familie und die Erfordernisse der Arbeit, um zu überleben, machten es schwer, Kindern auch nur ein wenig Aufmerksamkeit zu widmen. Bei ihrer hohen Sterblichkeitsrate war die Bereitschaft dazu wohl auch nicht sonderlich ausgeprägt.

Einen Wendepunkt in der Beziehung zu Kindern markierte die Idee, ihnen und ihrer Entwicklung komme ein eigener Wert zu, 1762 von Jean-Jacques Rousseau in seinem Bildungsroman *Émile* formuliert. Fortan wird die Eltern-Kind-

Beziehung allmählich modernisiert, an die Stelle scheinbar *objektiver*, religiöser, traditioneller und konventioneller Vorgaben treten *subjektive*, gefühlsbetonte Beziehungen: Kinder gelten immer mehr als zerbrechliche Wesen, die größter Aufmerksamkeit bedürfen, sodass an die Stelle der *Tragik des Kindes*, das von Geburt an schlimmen Bedingungen ausgesetzt war, ein *Kult des Kindes* tritt, dessen Entwicklung bereits vorgeburtlich keinem Zufall mehr überlassen bleiben soll.

Mit der *autonomen Aufmerksamkeit*, die in moderner Zeit erst Karriere macht, versuchen Eltern all das im Leben des Kindes zu bewerkstelligen, was *heteronome Mächte* zuvor schicksalhaft von außen lenkten. Anders als diese Mächte verschleißt die Aufmerksamkeit aber eigene Kraft und braucht Erholungspausen. Niemand kann unentwegt aufmerksam sein. Wer es dennoch versucht, verausgabt sich bis zur Erschöpfung.

Die neue Aufmerksamkeit ermöglicht jedoch auch, überkommene Vorstellungen des Elternseins zu überdenken und alte Rollen auf neue Weise zu definieren.

Close your eyes
Have no fear
The monster's gone
He's on the run
And your daddy's here

»Schließ deine Augen / Hab keine Angst / Das Monster ist weg / Es rennt davon / Und dein Papa ist hier«, heißt es in John Lennons zauberhaftem Lied für seinen kleinen Sohn, *Beautiful Boy* (1980). Eine *Vaterliebe* kommt dabei zum Vorschein, die so ganz anders ausfällt als die historisch lange vorherrschende distanzierte Beziehung, die, wenn überhaupt mit Gefühlen, mehr mit Zorn, weniger mit Zärtlichkeit zu tun hatte.

»Väterlichkeit« mag zum Teil etwas sein, das von *Natur* aus entsteht, etwa als unbewusste Reaktion auf die riechbaren Hormone (Pheromone), die die werdende Mutter abgibt. Ein anderer Teil entstammt der *Kultur* mit den Üblichkeiten der jeweiligen sozialen Umgebung und der gegenwärtigen Zeit. Aber auch das *Individuum* hat seinen Anteil daran und muss keineswegs nur Vorgaben folgen, sondern kann selbst auf Natur und Kultur der Vater-Kind-Beziehung einwirken, die Vaterliebe neu finden und erfinden, wenn ihm dies sinnvoll und wünschenswert erscheint.

Von Bedeutung dafür ist die *Idee des Vaters*, an deren Zustandekommen positive und negative Aspekte der persönlichen Vatererfahrung, individuelle Überlegungen und Gespräche mit Anderen, gesellschaftliche Diskussionen, mediale Darstellungen, soziologische, psychologische und neurobiologische Erkenntnisse beteiligt sind. Die Umformung einer bestehenden kulturellen Praxis kann daraus hervorgehen, in überschaubarer Zeit: Als immer mehr Väter darauf drängten, bei der Geburt ihrer Kinder zugegen zu sein, wurde dies im selben Maße normal, wie es zuvor ihr Fernbleiben war. Dem Entstehen einer intensiven Beziehung zwischen Vater und Kind scheint das Erleben der Geburt förderlich zu sein, denn auch bei Männern werden Hormone wie Oxytocin und Prolaktin ausgeschüttet, die den so genannten mütterlichen Gefühlen zugrunde liegen.

Wie die Vaterliebe ist die *Mutterliebe* eine Angelegenheit von Natur, Kultur und individueller Interpretation. Lange Zeit galt sie als *naturgegebener Instinkt*, dem zuwiderzuhandeln soziale und juristische Sanktionen nach sich zog, auch als *kulturelle Pflicht*, die selbst diejenigen zu erfüllen hatten, die kein mütterliches Gefühl in sich verspürten. Ein genetisch oder auch nur situativ bedingter Mangel des Hormons Oxytocin reicht aber für eine »postpartale Bindungsstörung« von mehr oder minder langer Dauer aus.

Zugleich kann die menschliche Art, Mutter zu sein, die sich in einem langen, vorgeschichtlichen Prozess herausgebildet hat, die einzelne Mutter leicht überfordern. Seit jeher stehen ihr daher *Allomütter* (*alloi*, Andere im Griechischen; Sarah Blaffer Hrdy, *Mütter und Andere*, 2010), andere Frauen nämlich, mit Rat und Tat zur Seite. Was einst Konvention und Tradition war, wird für moderne Mütter zu einer Frage der Selbstorganisation, und auch Männer könnten sich häufiger als Allomütter verstehen.

Lange genug wurde ausschließlich Müttern Einfühlung, Mitgefühl und Fürsorge zugeschrieben und im Gegenzug ein Verzicht auf eigene Rechte und Freiheiten abverlangt. Vollkommen selbstlos sollten sie bedingungslose Geborgenheit geben und sich geradezu für ihre Kinder aufopfern. Es ist aber Sache der Frauen selbst, gemeinsam und individuell die *Idee der Mutter* zu definieren, um die Mutterliebe auf ihre Weise zu finden und zu erfinden. Mit der Unmöglichkeit, äußeren Normen gerecht zu werden, nehmen ansonsten innere Schuldgefühle und Selbstvorwürfe überhand, die weder Müttern noch Kindern guttun. Allzu anspruchsvolle Vorstellungen treiben Versagensängste hervor, und die Bereitschaft, ganz und gar nur für die Kinder da zu sein, begünstigt die Abhängigkeit von einem Ernährer, der dann womöglich auf Distanz geht, um seine eigene Freiheit nicht zu verlieren.

Gemeinsam ist der Vater- und der Mutterliebe, dass sie entgegen einer verbreiteten Auffassung nicht allein von *Gefühlen* abhängen muss, sondern eine Entscheidung und bewusst gewählte *Haltung* sein kann, aus der ein großes *Wohlwollen* hervorgeht, wie bei anderen Arten der Liebe. Das ermöglicht, auch dann bei den Kindern zu bleiben, wenn die Gefühle zeitweilig aussetzen und die Beziehung schwierig wird, sowohl zwischen den Eltern als auch zwischen Eltern und Kindern. Die individuelle Haltung bildet den Kern der *elterlichen Ethik*, die das Leben mit Kindern bejaht und in der Sorge für sie ihren Ausdruck findet, manchmal ängstlich, immer fürsorglich.

Häufig ist sogar eine *leidenschaftliche* Beziehung zwischen Eltern und Kindern möglich, Liebe in ihrer stärksten Form. Der Traum von einer romantischen Liebe erfüllt sich am ehesten in der Beziehung zu Kindern, die bedingungslos geliebt werden können, ohne jedes Kalkül, mit einer unvergleichlichen Intensität der *Hingabe*, vor allem bei kleinen Kindern. Die Liebe zu ihnen erfordert zuweilen ein wenig Zurückhaltung, um nicht gänzlich in der Hingabe an sie aufzugehen, denn eine Selbstaufopferung nützt niemandem. Kinder können ihre Eltern in gleicher Weise lieben und bereit sein, alles für sie zu tun, in solchem Maße, dass die elterliche Ethik Sorge dafür tragen muss, dies nicht zu missbrauchen.

Auch diese leidenschaftliche Beziehung bedarf einer *Kunst des Liebens*, eines Könnens, das nicht von selbst schon da ist, sondern mit Wissen und Erfahrung erst zu erwerben ist. Um diesen Prozess zu unterstützen, wäre eine *Schule der Liebe* nicht nur für die Liebe zwischen zweien, sondern auch für die Elternliebe wünschenswert, die in moderner Zeit mit Anforderungen konfrontiert ist, die andere Zeiten, in denen Religion, Tradition und Konvention das »richtige« Verhalten festlegen konnten, nicht kannten.

Die elterliche Liebe setzt erstaunliche Energien frei, in der die Kinder aufleben. Die Kinder wiederum halten mit beträchtlichen Energien ihre Eltern in Schwung. Mehr als bei jeder anderen Liebe werden den Eltern jedoch auch Kräfte abverlangt für die *Hinnahme* etwa von Ärger und Frust, die regelmäßig die Freude und Lust des Lebens mit Kindern konterkarieren. Kinder sind nicht nur *Energiespender*, sondern auch *Energieräuber*. Ähnlich wie andere Lieben lebt auch diese von der *Atmung* zwischen Zeiten, in denen die freudigen Gefühle überwältigend sind, und

Zeiten, in denen sie pausieren und Alltag vorherrscht. Atmen kann die Liebe, wenn sie dem Hin und Her Rechnung trägt zwischen den Zeiten der Nähe, in denen das Bedürfnis nach Bindung, und den Zeiten der Distanz, in denen das Bedürfnis nach Freiheit zur Geltung kommt – schwierig allerdings für Alleinerziehende, die nicht einfach mal weggehen können. Für die Atmung in größeren Zeiträumen ist das Einverständnis entscheidend, dass sich mit veränderten Bedürfnissen in der jeweiligen Lebensphase auch die Beziehung verändern kann. Die symbiotische Beziehung der ersten Jahre dauerhaft konservieren zu wollen, kann die Entwicklung der Kinder stark beeinträchtigen.

Die Liebe zu Kindern kann leidenschaftlicher sein als die der Eltern zueinander. Wenn darunter jedoch die Liebe zwischen den Eltern leidet, wirkt dies auf die Kinder zurück. Die Hingabe an sie sollte daher dort eine Grenze finden, wo die elterliche Beziehung in Frage steht, die doch erst die Voraussetzung dafür schafft, dass die Kinder im Kraftfeld zwischen den Eltern gedeihen können. »Unsere Kinder (so sehr ich sie liebe), *dürfen nicht* zwischen uns kommen«, mahnt James Joyce im Brief vom 31. August 1909 seine Frau Nora. Die Liebe zwischen Eltern und Kindern wie auch die der Eltern untereinander ist bedroht, wenn *Eifersucht* aufkommt, Eifersucht des Vaters oder der Mutter auf das Kind, dem vermeintlich mehr Aufmerksamkeit zuteilwird, oder auf den Anderen, der aus subjektiver Sicht mehr Zuneigung vom Kind erfährt, auch des Kindes auf den, der seiner Wahrnehmung nach mehr als es selbst geliebt wird. Umso größer ist die Eifersucht, je mehr wirkliche oder gefühlte Gründe dafür sprechen, die Beziehung in Gefahr zu sehen.

Eine mögliche Antwort darauf ist, demjenigen, der sich benachteiligt fühlt, zumindest für eine Weile *Privilegien* zu gewähren: Seine Nähe zu suchen, wenn er sie braucht, seine Verteidigung zu übernehmen, wenn er in Bedrängnis gerät, und mit ihm allein etwas zu unternehmen, um ohne Rivalität mit Anderen Zeit füreinander zu haben. Auch die Eltern sollten ihrer Beziehung zwischendurch wieder Vorrang einräumen und sich willentlich um *Inseln der Zweisamkeit* bemühen, wenn für Kontinente einstweilen kein Platz ist.

Kinder sind ein *Schicksal für ihre Eltern*, ein Naturereignis vom Moment der Zeugung an. Die Möglichkeiten, die mit ihnen zur Welt kommen und Wirklichkeit werden, bringen die üblichen *ontologischen Einbußen* mit sich, denn nicht alles, was möglich ist und Eltern sich erträumen, kann wirklich werden. Eltern können für ein werdendes Kind keine »Bestellung« aufgeben und auch nicht erste Blicke riskieren, wie sie es in ihrer Beziehung zueinander vielleicht anfänglich hielten. Erst recht ist es ausgeschlossen, erst einmal probehalber Kinder zu haben, um zu sehen, was aus ihnen wird.

Die bestehende Konstellation der Familie wird mit dem Zuwachs nicht nur erweitert, sondern von Grund auf verändert. Mit Kindern wird Familie endgültig zu einer komplizierten Angelegenheit, so spannend wie spannungsvoll, und es entsteht ein Geflecht von Beziehungen, das nicht mehr zu entflechten ist, denn selbst wenn die Eltern sich trennen, werden sie für immer Eltern bleiben. Angesichts der Schwierigkeiten, die sie durchstehen, und der Mühen, die sie auf sich nehmen, lässt sich sagen: *Eltern sind Helden*, selbstlos ohnegleichen, und doch tun sie es nicht nur für die Kinder, sondern auch für sich selbst, für ihre Erfüllung, die sich jedenfalls dann einstellt, wenn aus den Kindern »etwas wird«. Im Laufe der Jahre werden sie dann »immer mehr zu den Leuten, mit denen du am allerliebsten zusammen bist«, sagt der alternde Bob zur jungen Philosophin Charlotte (Bill Murray und Scarlett Johansson in *Lost in Translation*, Regie Sofia Coppola, USA/Japan 2003).

Eltern sind Helden, selbstlos ohnegleichen, und doch tun sie es nicht nur für die Kinder, sondern auch für sich selbst.

Eltern sind ihrerseits ein *Schicksal für ihre Kinder*, unabänderlich für alle Zeiten. Sie geben ihnen nicht nur ihre Gene mit, sondern wirken mit ihrem ganzen Leben auf sie ein. Ein Leben lang bleiben sie ein Fixpunkt für sie. Schicksalhaft sind bereits Zeugung und Geburt, ohne jede eigene Wahlmöglichkeit für die Kinder, über deren

Leben dabei entschieden wird. Sie haben es sich nicht ausgesucht, in diese Welt zu kommen, und sie wachsen unter Umständen heran, über die sie nicht bestimmen können. Die bestehende Konstellation der Familie nimmt Einfluss auf jeden Einzelnen, der sich diesem Einfluss erst wird entziehen können, wenn er in der Lage ist, das Elternhaus zu verlassen. Und sollte die Beziehung der Kinder zu den Eltern irgendwann zerbrechen, bleiben sie dennoch deren Kinder.

Das Bestimmtsein durch die Eltern ist so existenziell, dass einer wie Nietzsche sich nachgerade verzweifelt davon zu befreien versuchte: »Man ist *am wenigsten* mit seinen Eltern verwandt« (*Ecce Homo*, 1888, »Warum ich so weise bin«, 3). Zumindest kann diese Vorstellung befreiend wirken, um anstelle unliebsamer familiärer Bindungen ein eigenes Netz von Freundschaften zu knüpfen und sich in der Welt zusammenzusuchen, was zuhause nicht zu haben war, im Falle Nietzsches wohl die geistige Auseinandersetzung. Und doch bleibt er zeitlebens dankbar für die warmen Socken, die seine Mutter ihm beharrlich hinterherschickt.

Nicht immer ist die Liebe zwischen Eltern und Kindern *wechselseitig*, sie kann, wie andere Lieben, *einseitig* sein, von beiden Seiten her: Manche Kinder, die ihre Eltern lieben, hoffen vergeblich auf Resonanz. Manche Eltern, die ihre Kinder lieben, treffen auf keine Gegenliebe. Sie erhoffen sich wenigstens Dankbarkeit für ihre Zuwendung und Zuneigung und sind verbittert über die Undankbarkeit, die sie schmerzt. Einseitige oder wechselseitige Auszeiten erlebt die Liebe in Trotzphasen, erst recht aber in der *Zeit der Pubertät*, die meist im Alter von elf, zwölf Jahren einsetzt und unbestimmte Zeit in Anspruch nimmt.

Es ist eine Zeit der Auseinandersetzung, vorzugsweise der Jungen mit den Vätern, der Mädchen mit den Müttern. In dieser Zeit verstehen die Eltern ihre eigenen Kinder nicht mehr, halten sie für absolut unvernünftig, für hoffnungslos unerziehbar und glauben psychotische Schübe an ihnen zu bemerken: Die Kinder machen »einfach alles falsch«. Die Heranwachsenden hingegen finden, dass die Eltern beginnen, schwierig zu werden und absolut nicht auf der Höhe der Zeit sind, hoffnungslos antiquiert, »nur noch peinlich«. So bitter wie die Enttäuschung der Eltern fällt ihre eigene aus, denn die Eltern wollen einfach nichts kapieren und leben auch nicht richtig, wo doch das richtige Leben so einfach ist: »Auf jeden Fall nicht so wie die!«

Im Grunde sind die Phänomene gut erklärbar: Körperlich, seelisch und geistig sind die Heranwachsenden im Umbruch, keine Kinder mehr, noch keine Erwachsenen. Sie werden sich ihrer Kräfte bewusst, ohne schon eine Verwendung dafür zu haben. Alle vorherigen Gewissheiten stehen für sie in Frage, ohne schon über neue zu verfügen. Die Suche nach dem Sinn des Lebens setzt ein, und den möglichen Antworten nähern sie sich erst einmal von der Seite der absoluten Negation her (Janne Teller, *Nichts. Was im Leben wichtig ist*, 2010). Die Region im Gehirn, in der viele Sinn-Zusammenhänge hergestellt werden und ein kluges und soziales Verhalten seinen Platz hat, der *präfrontale Cortex*, wird jetzt erst ausgebildet. Das einzig Brauchbare in dieser Zeit scheint Musik zu sein – sofern es nicht die der Eltern ist.

Jetzt oder nie wird das Leben zum eigenen: Das ist der *Sinn der Pubertät*. Die Beziehung zu den Eltern muss verlorengehen, um eine eigenständige Beziehung zu sich und Anderen zu gewinnen. So wie die Liebe der Liebenden auf das Zusammenbleiben zielt, so die Liebe zwischen Eltern und Kindern auf das Auseinandergehen, das ist der Sinn brachialer Attacken: »Ich habe es satt«, sagte mein jüngster Sohn, als er 13 Jahre alt war, »immer nur das liebe Kind zu sein.« Meinen Versuch zur Ehrenrettung der Eltern, es gebe im Leben wenigstens zwei Menschen, denen er absolut vertrauen könne, konterte er kühl: »Nein, gerade denen nicht.« Der Schmerz der Loslösung voneinander kann so groß sein wie bei einer großen Liebe, die zerbricht, aber es ist die transformierte Liebe, die es den Eltern erleichtert, das Kind gehen zu lassen, und dem Kind, dies früher oder später auch wirklich zu tun.

Pubertät ist die *Modernisierung des Kindes*, der persönliche Nachvollzug der Moderne, die Befreiung von allen Vorgaben, die die Erfahrung des Grundproblems der Moderne nach sich zieht:

Der erlangten Freiheit nicht auch schon eigene Formen geben zu können. Das Freiwerden von familiären Regeln hat nicht sofort zur Folge, nach selbstgesetzten Regeln leben zu können. Einstweilen ist es wichtig, sich vom Gegebenen zu lösen und mit frischer Kreativität neue Wege zu entdecken, mag es auch noch an Wissen und Können fehlen, sie wirklich zu gehen. Es ist die *ontologische Aufgabe* junger Menschen, Möglichkeiten und Unmöglichkeiten ihrer selbst und des Lebens zu erkunden, nach Antworten auf die Fragen der Zeit zu suchen, in der sie leben, und sie letztlich auch zu finden. Die Antworten sind nicht unbedingt die, die die Eltern sich vorstellen, aber es ist unsinnig, dies den Heranwachsenden aus der Sicht derer, die das alles schon »hinter sich haben«, vorzuwerfen.

Jetzt wird aus der Liebe zuweilen Hass, aber es ist nur eine Lebensphase, in der Eltern ihre Aufgabe darin sehen können, den Faden der Beziehung nicht abreißen zu lassen. Sie können ihren Kindern trotz allem sagen, was sie für richtig halten, sie sollten nur nicht erwarten, damit jetzt auf

Resonanz zu stoßen. Erst in künftigen Zeiten wird es zur Orientierung im Leben beitragen, jetzt bleibt nur, sich durchzulavieren. Die Zeit ist am ehesten durchzustehen mit der Gewissheit, dass sie vorübergeht und dass, mit sehr wenigen Ausnahmen, großartige Menschen aus denen werden, die im Moment völlig zu missraten drohen.

Eltern können diese Herausforderung am besten für sich nutzen, wenn sie bereit sind, weiter mit ihren Kindern zu wachsen. Kinder bieten jedem, der mit ihnen lebt, auf Lebenszeit die Möglichkeit, die Hand am Puls der Zeit zu halten, die in der Auseinandersetzung mit ihnen fassbarer wird. Mag die Welt auch immer die gleiche sein, dieselbe bleibt sie nie. Mithilfe der Kinder können Eltern die Veränderungen mitvollziehen, um nicht eines Tages verzweifelt bemerken zu müssen, dass ihnen die Welt, die sie nicht mehr verstehen, abhandenkommt und unsägliche Einsamkeit sich breitmacht: Schicksal des Älterwerdens in einer Zeit, in der die permanente Veränderung zum Programm geworden ist.

Mit dem Übergang von der Kindheit zum Erwachsenwerden lassen die Heranwachsenden die Wirklichkeit des elterlichen Lebens hinter sich und richten den Blick auf die Möglichkeiten ihres eigenen Lebens. Mit den Möglichkeiten, die sie im Laufe von Jahren und Jahrzehnten realisieren, verfestigen sie ihre eigene Wirklichkeit, auf die sie stolz sind, wenngleich sie ihrerseits beim Blick zurück den Verlust anderer Möglichkeiten bedauern. Irgendwann erreichen sie den Punkt der weitestmöglichen Entfernung von den Eltern, von dem aus sie in mehr oder weniger großem Bogen zu ihnen zurückkehren.

Sobald aber die Eltern körperlich, womöglich auch seelisch und geistig an Beweglichkeit einbüßen, älter und alt werden, erlebt die Liebe der Kinder zu ihnen ihre eigentliche Bewährungsprobe. Wie damit umgehen, wenn die Eltern älter und womöglich lästig werden? Einen Anhaltspunkt dafür liefert die Antwort auf die Frage an sich selbst: Wie hoffe ich von meinen Kindern behandelt zu werden, wenn ich selbst einmal hilfsbedürftig und sonderbar sein werde? Daraus ergibt sich eine Orientierung für den Umgang mit den eigenen Eltern beim Älterwerden. Und eine Orientierung für den Umgang der Eltern mit den Kindern beim Heranwachsen: Sie so zu behandeln, wie die Eltern von ihnen behandelt werden wollen, wenn sie beim Älterwerden vielleicht selbst wieder zum Kind werden. Wie die Kinder sich später verhalten, hängt auch von der Prägung ab, die ihnen in der Erziehung mitgegeben wird.

2.

Liebe und Erziehung: Anleitung zu einem sinnerfüllten Leben

Wo Kinder sind, steht Erziehung in Frage. *Warum und wozu überhaupt Erziehung?* Mehrere Antworten sind möglich: Aus *altruistischen Gründen*, dem Anderen zugewandt, der erzogen werden soll, um ein sinnvolles, schönes Leben führen zu können, in dem er sich so entfalten kann, dass er Freude daran hat. Und aus *egoistischen Gründen*, auf das eigene Ich bezogen, das zur Entfaltung des heranwachsenden Lebens beiträgt und daran Freude hat, insgeheim aber auch daran interessiert ist, sich die Zumutungen zu ersparen, die ein unförmiges Wachstum mit sich bringen könnte.

So oder so ist eine anfängliche Bevormundung kaum zu vermeiden, und doch kann das Ziel der Erziehung nur sein, dass der Heranwachsende davon frei wird und mit seiner Freiheit auch etwas anfangen kann (*Erziehung zur Freiheit*). Auch dass er sein Leben mit eigener Urteilskraft führen und ihm selbst Sinn geben kann (*Erziehung zur Lebenskunst*). Und dass er einerseits den Umgang mit sich selbst erlernt, um gut mit sich zurechtzukommen (*Erziehung zur Selbstfreundschaft*), andererseits den Umgang mit Anderen und anderem Leben in der sozialen und ökologischen Welt, um ein umgänglicher Mensch und aufmerksamer Weltbürger zu werden (*Erziehung zur Bürgerlichkeit* im vollen Sinne des Wortes).

Immer ist Erziehung eine Arbeit an den Erinnerungen der Zukunft: Woran die Heranwachsenden sich künftig im Rückblick auf ihre Kindheit erinnern werden, soll eine nie versiegende Quelle der Kraft und Inspiration für sie sein, ein Kompass für ihr Leben. Nicht immer ist Erziehung dabei ein expliziter Akt, implizit erzieherisch wirken vielmehr die Haltung und die Verhaltensweisen aller, die mit den Kindern und Heranwachsenden befasst sind. Auch der Verzicht auf Erziehung erzieht, denn alles wird vom sich entwickelnden Gehirn »eingespiegelt«. Sinnvoll wäre daher, die Erziehung als Teil der eigenen Lebenskunst zu verstehen, sie gerne zu tun und nicht als lästiges Beiwerk abzutun.

Die Voraussetzung für Erziehung ist Liebe in angemessener Form, zumindest in der Form des Mögens: *Erziehung braucht Beziehung*, keine Gleichgültigkeit. Fehlt es an Beziehung, stoßen erzieherische Forderungen und gelegentliche Zumutungen von vornherein auf Ablehnung. Das wiederum verleitet die Erzieher zum Einsatz unangemessener Mittel. Da Beziehung die Basis ist, ist Erziehung in erster Linie eine Aufgabe der Eltern und geschieht primär in der Familie. Zur Klugheit der Eltern gehört jedoch, damit einverstanden zu sein, dass nicht sie allein erziehen, sondern dass auch Gleichaltrige und Medien, Betreuer und Lehrer maßgeblich daran beteiligt sind und dass alle Beteiligten, vorneweg die Eltern selbst untereinander, kaum je einer Meinung sein können. Die unterschiedlichen Stile und Ziele der Erziehung sind nicht wirklich zu harmonisieren, auch der Einzelne selbst kann ja nicht völlig stringent erziehen. Das muss kein Problem sein, denn auch für die Erziehung ist es von Vorteil, wenn sie *atmen* kann – etwa zwischen nachsichtiger Milde und unnachsichtiger Strenge, zwischen passivem Lassen und aktivem Eingreifen.

Vor allem die Eltern verkörpern in ihrer Unterschiedlichkeit und Gegensätzlichkeit die Vielfalt und Polarität des Lebens für ihre Kinder. Sie führen mit ihrem Verhältnis zu sich und zueinander vor, wie daraus eine spannungsvolle Harmonie entstehen kann. Und was soll im Zweifelsfall einer konkreten Erziehungsfrage Vorrang haben? Vielleicht ganz pragmatisch der Stil dessen, der im Augenblick am meisten mit den Kindern befasst ist, und das, was ihm gegenwärtig erforderlich erscheint. Im Übrigen tut es dem wechselseitigen Verständnis der Erziehenden gut, die Rollen auch mal zu tauschen. Alle Kommunikation über

Erziehung ist nichts gegen die Erfahrung selbst, insbesondere dann, wenn es um grundsätzliche Fragen geht: Erziehung ist keine Arbeit? Es genügen ein paar Tage der alleinigen Verantwortung dafür, um eines Besseren belehrt zu werden.

Wie aber entsteht Beziehung? *Beziehung braucht Berührung*. Das betrifft zuallererst die *körperliche Berührung* durch diejenigen, die dazu befugt sind, in den Grenzen, die ihnen gesetzt sind, mit allen Sinnen: Mit Hinschauen und Zuhören, Riechen und Küssen, Anfassen und Umarmen. Von Geburt an macht der *Tastsinn* den Unterschied: Säuglinge mit viel Hautkontakt erweisen sich als wacher und aktiver und nehmen schneller an Gewicht zu. Ein Mangel an Berührung kann sich hingegen tödlich auswirken: Das war noch zu Anfang des 20. Jahrhunderts eine Erfahrung in Waisenhäusern, in denen es aus hygienischen Gründen und wohl auch aus religiös motivierter Körperfeindlichkeit geboten erschien, Berührung zu vermeiden. Berührung trägt, wie viel später erst entdeckt wurde, über komplexe biochemische Wirkungsketten entscheidend zum Aufbau des Immunsystems bei, und es ist gut vorstellbar, dass auch bei Erwachsenen so manche Erkrankung aus einem Mangel an Berührung resultiert.

Die *Magie der Berührung*, die in der gesamten Kulturgeschichte geläufig ist, zeigt sich in der beruhigenden Wirkung einer dargebotenen Hand oder in der heilenden Wirkung des Handauflegens. Viele Verhaltensweisen können das Bedürfnis nach Berührung stillen, beginnend beim Baby, das am Körper getragen, gestreichelt und massiert wird. Die ganze Kindheit hindurch wirkt es tröstend und heilend, das Kind in den Arm zu nehmen. Mit der Pubertät geht das Berührungsspiel von den Eltern auf Freunde und Liebende über, gerade dann aber erweisen sich diejenigen als Berührungskünstler, die von klein auf ein angemessenes Maß an Berührung erfahren haben.

Über die körperliche Berührung hinaus beruht eine Beziehung erst recht auf *seelischer Berührung*, auf dem Austausch von Gefühlen in ihrer reichhaltigen und gegensätzlichen Fülle etwa von Freude und Ärger, Fröhlichkeit und Traurigkeit, Lust und Schmerz, Gewissheit und Angst, Zärtlichkeit und Zorn, Begeisterung und Langeweile. Was Psychologen schon lange wussten, konnten Neurobiologen bestätigen: »Versuche, Kinder ohne emotionale Zuwendung, sondern ausschließlich ›rational‹ oder ›vernünftig‹ zu erziehen, haben schwere seelische Beeinträchtigungen zur Folge« (Joachim Bauer, *Prinzip Menschlichkeit*, 2006, 213). Und schließlich begründet *geistige Berührung* Beziehung durch den Austausch von Gedanken und Ideen. Je umfangreicher das geschieht, desto mehr wird mit der großen Vielfalt gedanklicher Verknüpfungen und sprachlicher Ausdrucksmöglichkeiten die Beziehung vertieft. Mit Berührung in jeder Hinsicht kann ein Mensch gedeihen und sich entfalten.

Unweigerlich wird das heranwachsende Leben durch Beziehung und Berührung geformt: *Erziehung ist Formgebung*, Bildung in diesem Sinne. Freiheit braucht Formen, Formen aber sind durch Grenzen definiert: Sie bilden den äußeren Rahmen, in dem ein sinnerfülltes Leben mit sich selbst und Anderen erst möglich wird. Dazu dient die vorsorgliche Begrenzung von Möglichkeiten des Verhaltens, also zu sagen, was möglich ist und was nicht und »wann es reicht«. Mit der Setzung von Grenzen ist ein Kind davon abzuhalten, jedem beliebigen Impuls zu folgen, etwa umstandslos auf die Straße zu rennen oder sich jede beliebige Lust zu verschaffen, erst mit zu vielen Süßigkeiten, später mit problematischen Drogen.

Grenzen sind im Zweifelsfall eine Frage der Festlegung durch die Erziehenden, die sie nach bestem Wissen und Gewissen für richtig halten, auch wenn sie letztlich nur durch subjektive Überzeugung zu begründen sind. Es ist ihre Aufgabe, Regeln zu formulieren, Vereinbarungen vorzuschlagen und bei Zustimmung auf deren Einhaltung zu achten. Fällt ihnen das schwer, hilft ihnen etwa ein »Systematisches Training für Eltern und Pädagogen« (STEP), Grenzen so zu setzen, dass Kinder in diesem Rahmen lernen können, eigenständig zu wählen, sich an Abmachungen zu halten und sich schließlich selbst Regeln zu geben. Wo aber kein Rahmen geschaffen wird, kann nichts mehr so recht wirklich werden, es droht die *ontologische Paralyse*, die Auflösung jeglicher Wirklichkeit im Meer der Möglichkeiten. Dann können Überforderung und Desorientierung irgendwann dazu führen, nicht mehr leben zu wollen, während sich für diejenigen, die sich auf die Realisierung ausgewählter Möglichkeiten, somit aufs Lebenkönnen verstehen, die Frage des Lebenwollens nicht mehr stellt.

Die Formgebung beruht darauf, Einfluss zu nehmen, also Macht auszuüben: *Erziehung ist Machtausübung*. Der Machtfrage ist im Prozess der Erziehung nicht zu entkommen, sie stellt sich bereits in früher Kindheit bei Grenzfragen, wenn nicht jedem Wunsch umstandslos entsprochen werden kann, etwa an der Kasse des Supermarkts, wo die Leckereien lauern. Auch die ewige Arbeit, verstreutes Spielzeug wieder einzusammeln, hat kaum ein Kind jemals von selbst getan. Eine sanfte Machtausübung stützt sich auf Anregungen, Anreize und Angebote: »Ich will, dass du das hier machst. Du darfst es machen, wann du willst« (Jesper Juul, *Elterncoaching*, 2011, 31).

Eine weniger sanfte Machtausübung wirft Fragen auf, die die Erziehenden für sich selbst beantworten müssen. Anders als einst verbietet sich jegliche Anwendung körperlicher Gewalt, aber was ist mit seelischer und geistiger Gewalt, also mit dem Entzug von Gefühlen, Aufmerksamkeit und Kommunikation, dem so genannten »Liebesentzug«? Wo genau sind hier die Grenzen? Ist ein missbilligender Blick schon Gewaltanwendung? Ist er wirklich vermeidbar?

Die Erziehenden kommen nicht umhin, sich diese Fragen zu stellen und sich selbst Grenzen zu setzen, die von außen nicht immer sinnvoll zu ziehen und wirksam zu überprüfen sind. Eine allgemeine Verbindlichkeit ist wünschenswert, aber zuallererst liegt es am Einzelnen selbst, sich Grenzen aufzuerlegen und auf sie aufzupassen. Eine *Ethik der Erziehung* ist in erster Linie die Haltung, das *Ethos*, das der Erziehende selbst sich aneignet, seine eigene Bindung an Werte, an denen er sein praktisches Verhalten in Fragen der Erziehung immer wieder neu orientiert. Die Grundlage dafür ist, sich über die eigenen Werte klarer zu werden, ausgehend von der Frage: Was ist in meinen Augen schön und bejahenswert, was nicht? Was kann ich vor mir selbst verantworten, was nicht?

Macht tendiert zum Missbrauch, das veranlasste den Machttheoretiker Montesquieu bereits im 18. Jahrhundert zu politischen Überlegungen, die auch für persönliche Machtverhältnisse von Belang sind: *Machtausübung braucht Mäßigung.* »Damit die Macht nicht missbraucht werden kann, muss die Anordnung der Dinge so sein, dass die Macht die Macht zügelt« (*Vom Geist der Gesetze*, 1748, 11, 4). Die zügelnde Macht kann hier nur die Macht der Reflexion und Selbstreflexion sein, die der Ethik der Erziehung zugrunde liegt und einen ständigen Wechsel der Perspektive ermöglicht: Wie würde ich mich fühlen, wenn ich in der Situation des Kindes wäre und ein Anderer so mit mir umgehen würde wie ich mit ihm? Klugerweise kann ich für meinen Umgang mit einem Anderen, in diesem Fall mit dem Kind, nur das bejahen, was ich auch für dessen Umgang mit mir bejahen kann. Ausgerechnet

Wie würde ich mich fühlen, wenn ich in der Situation des Kindes wäre?

die Ich-Perspektive, meist als *egoistisch* gebrandmarkt, führt interessanterweise zu *altruistischen Konsequenzen*, zu einem achtsamen Umgang mit Anderen.

Das Eigeninteresse, das damit ins Spiel kommt, mündet in die *Goldene Regel*, dem Kind grundsätzlich zuzugestehen, was auch mir in seiner Situation zupasskäme, und ihm nur das zuzumuten, was auch mir unter vergleichbaren Umständen abverlangt werden dürfte. Mit Erfahrung und immer neuer Besinnung verfeinert sich das *Gespür* für das jeweils Gute und Richtige, sodass ich schließlich auch ohne lange Überlegung zu sicheren Schlüssen kommen kann und Willkür unwahrscheinlicher wird.

Eine große Rolle bei jeder Mäßigung spielt zudem der *Zeitfaktor*. Eine Gewöhnung sollte vermieden werden. Je länger eine Machtausübung anhält, desto schwerer fällt der Verzicht darauf. Gelingt es im Kleinen, sie zeitlich zu begrenzen, dann auch eher im Großen. Jede Macht, die sich zur Gewohnheitsmacht verfestigt, läuft Gefahr, zementiert zu werden. Das passiert, wenn das heranwachsende Leben zu sehr und zu lange als Teil des eigenen Lebens betrachtet wird, das Kind also zum permanenten Gegenstand von Gestaltung, zum »Projektkind« (Jesper Juul) gemacht wird, als wäre es das eigene Selbst: Würde ich das von Seiten Anderer für mich akzeptieren?

Einige *Grundelemente einer Ethik der Erziehung* erleichtern die Mäßigung und Begrenzung der Macht: Jede Machtausübung, auch die der Erziehung, braucht *Legitimität*, um akzeptiert zu werden. Die wiederum kommt am ehesten durch die *Glaubwürdigkeit* der Erziehenden zustande, die sich um das Richtige, das sie propagieren, auch selbst bemühen und das, wozu sie erziehen, selbst vorleben. Will ich dazu anleiten, aufmerksam auf Andere zu sein, muss ich dies selbst unter Beweis stellen, eine wirksame Selbsterziehung zur Ethik. Sollen die Kinder lernen, selbstkritisch zu sein, muss ich selbst es sein. Will ich Grenzen setzen, muss ich mich selbst an sie halten. Soll es nicht erlaubt sein zu lügen, darf ich selbst nicht lügen, Kinder achten sehr genau darauf: »Du hast aber gesagt ...« Ist die Forderung nicht durchzuhalten, sollte ich sie nicht mit absolutem Anspruch erheben. Ein gelegentliches Flunkern kann dann erlaubt sein, etwa wenn ein Anrufer nach mir verlangt: »Ich bin gerade nicht da …«

Erziehung kann eine *Anleitung zum Richtigen im Falschen* sein, wenn der Erziehende selbst dem, was er nach bestem Wissen und Gewissen für richtig hält, auch in einem sozialen Umfeld folgt, in dem ihm manches oder vieles oder gar alles falsch zu sein scheint. Glaubwürdig ist der, der sich bemüht, mit seinem eigenen Leben »die Existenzform vorwegzunehmen, die die eigentlich richtige wäre«, auch wenn dies einen Widerspruch gegen bestehende Verhältnisse erfordern sollte und zum Scheitern verurteilt sein könnte: Das meinte jedenfalls Theodor W. Adorno (Vorlesung zur Moralphilosophie vom 28. Februar 1957, Adorno-Archiv, Frankfurt am Main), der damit auf die Frage antwortete: »Wie hat man eigentlich zu leben?«

Legitimität gewinnt eine Machtausübung ferner, wenn sie gerecht erscheint. Die Ethik der Erziehung trägt dem starken Empfinden für *Ge-*

rechtigkeit Rechnung, das Kindern eigen ist, die sich gerecht beurteilt sehen wollen und sehr bald schon, nach anfänglichem Egoismus, auf einer gerechten Verteilung von *Gütern* bestehen, beginnend bei Bonbons. Aber was ist mit einer gerechten Verteilung von *Lasten*? In einer Familie gilt: *Einer muss immer der Esel sein*, das Lasttier, das Dinge herbeischleppt und wegschleppt, bereitstellt und aufräumt. Es ist sinnvoll, Kinder altersgemäß daran zu beteiligen, um sie nicht an einen *All-Inclusive-Service* zu gewöhnen, der zu immer neuen Ansprüchen ermuntert, ohne an die Arbeit zu denken, die damit verbunden sein könnte.

Ungerecht ist aus der Sicht vieler Kinder, immer tun zu müssen, was die Eltern sagen, nicht immer Pommes mit Ketchup essen zu dürfen, am Tisch nicht durcheinanderschreien zu sollen, am Abend viel zu früh schlafen gehen zu müssen (amüsante Darstellung in freier Auslegung des Klassikers von Erich Kästner: *Emil und die Detektive*, Regie Franziska Buch, Deutschland 2001). Aber ist es gerecht, dass Eltern immer tun sollen, was die Kinder wollen? Dass es immer nur ein Elternproblem ist, sich um ein gesundes Essen zu kümmern, am Tisch das eigene Wort nicht mehr zu verstehen und auch abends keine Ruhe zu finden?

Gerechtigkeit lebt von der Einübung in den *Perspektivenwechsel*, den die Eltern vorleben, wenn sie sich in die Kinder hineinversetzen, ihnen aber auch die Perspektive der Eltern nahebringen. Gerechtigkeitsansprüche lassen sich ausbalancieren durch die Einsicht, dass es noch andere Sichtweisen gibt und jede Gerechtigkeit für das Selbst eine Ungerechtigkeit für Andere sein kann. Dass aber auch dann, wenn absolute Gerechtigkeit unmöglich ist, jede Ungerechtigkeit, die einer als solche empfindet, bei nächster Gelegenheit wieder abgeändert werden kann. Gelingt es, die Verhältnisse so einzurichten, dass sie nicht zum Davonlaufen sind, sind sie halbwegs gerecht und es lässt sich einstweilen gemeinsam weiterleben.

Unerträglich erscheint eine Macht, wenn sie zur einseitigen Herrschaft wird, daher gehört die *Wechselseitigkeit* der Machtausübung zu den Grundelementen einer Ethik der Erziehung. Eltern verfestigen eine einseitige Herrschaft, wenn sie eine »Einheitsfront« gegen ihre Kinder bilden, um sich nicht gegeneinander ausspielen zu lassen. Aber ihre Aufgabe ist nicht die Frontstellung, sondern das Bemühen um Verständnis: Da die Kinder den Verhältnissen im Zweifelsfall ausgeliefert sind, verfügen sie über ein feines Sensorium für Macht und versuchen jedes Ungleichgewicht zwischen den Elternteilen dazu zu nutzen, sie gegeneinander antreten zu lassen, um Freiräume für sich zu gewinnen.

Was ist im Gegenzug, wenn die Kinder ihrerseits einseitig zu herrschen beginnen und mit Machtmitteln wie Schreien, Verweigern, Umsichschlagen die Eltern terrorisieren? Dann wäre es sinnvoll, ihnen andere Methoden der Machtausübung anzubieten, damit sie erstreben können, was sie wollen, ohne es immer und überall zu bekommen. Dazu dient etwa die Einrichtung eines Tages, an dem jeder machen kann, was er will (sofern er weiß, was er will), sowie eines *Kindertages*, an dem die Kinder darüber bestimmen dürfen, was die Erwachsenen machen, die sich allerdings widerständig zeigen können, sodass sie überzeugt werden müssen.

So oft wie möglich sollte für die Kinder erfahrbar werden, dass die Erziehenden nicht ständig nur *erziehen wollen*, sondern sich zwischendurch auch *erziehen lassen*; dass sie Vorschlägen der Kinder folgen und ihnen zuhören, wenn diese von ihren Ideen, Erfahrungen, Beobachtungen, Befürchtungen und Überlegungen berichten. Zuhören ist Aufmerksamkeit und signalisiert, dass nichts von dem, was in den Kindern vorgeht und was sie erleben, gleichgültig erscheint. Endlich erfahren sie, dass Erwachsene offen sind für ihre Sichtweisen, statt immer nur eigene Sichtweisen zum Besten zu geben.

Grundelement einer Ethik der Erziehung ist außerdem die *Selbstmächtigkeit* der Erziehenden, die es ihnen ermöglicht, eine Machtausübung über die Kinder zu begrenzen und an Autorität zu gewinnen, ohne autoritär zu werden. Selbstmächtigkeit beruht auf dem gekonnten Umgang mit eigenen Schwächen, Gegensätzen und Widersprüchen. Sie macht es möglich, eine eigene

Macht nicht zu verharmlosen und zu leugnen, sondern sensibel für ihre Auswirkungen zu sein. Gerade bei dem, der über mehr Macht verfügt, kommt es umso mehr auf die Fähigkeit zur Zurückhaltung an. Selbstmächtigkeit kann die Erziehenden davon abhalten, jedem Impuls zu folgen, der in ihnen wach wird, sodass sie etwa eine unangemessene *körperliche* Berührung, und sei es in wohlwollender Absicht, vermeiden können. Auch im Hinblick auf *seelische* Berührung müssen Kinder nicht mit jeder Gefühlsaufwallung der Eltern konfrontiert werden. Die größeren Möglichkeiten zur *geistigen* Berührung mit Gedanken und Ideen müssen nicht dazu missbraucht werden, Überlegenheit zu beanspruchen und die Kinder »zuzutexten«. Und wo ein allzu großer Ernst entsteht, lässt er sich mit etwas Humor und alltäglichem Dadaismus, mit schrägem Blick auf die Situation und einem befreienden Lachen wieder austarieren.

Um das ins Auge gefasste Ziel der Erziehung, die Befähigung zu Freiheit und Lebenskunst, zum Umgang mit sich und Anderen zu erreichen, bedarf es einer Selbstmächtigkeit auch auf der Seite der Kinder und Heranwachsenden: *Erziehung ist Ermächtigung*. Sie brauchen eine Macht, mit der sie ihre eigene Macht über Andere begrenzen, aber auch eine eigene Macht gegenüber Anderen geltend machen und beispielsweise die Machtausübung der Erziehung mäßigen können. Zur Ermächtigung dienen *Rechte der Kinder*, mit denen sie vertraut gemacht werden und deren Realisierung die Erziehenden selbst, sodann aber die gesamte Gesellschaft und ihre Institutionen im Blick behalten.

Die Kodifizierung der Rechte geht aus einer Ethik hervor, um die anfänglich Einzelne sich mit ihrem Ethos bemühen, bevor über die politischen Wahlakte vieler Menschen Gesetze daraus werden, die einer Machtausübung über Kinder von Rechts wegen Grenzen setzen. Eine weitreichende Ermächtigung der Kinder stellt die *Kinderrechtskonvention* der Vereinten Nationen dar, die 1989 beschlossen wurde, mit der Erklärung eines Rechts auf Leben und eines Verbots von Diskriminierung, eines Rechts auf Umgang mit den Eltern und auf Meinungs- und Informationsfreiheit, auf Gesundheitsvorsorge und soziale Sicherheit, auf Schutz vor Ausbeutung und vor sexuellem Missbrauch. An der Umsetzung in den verschiedensten Mitgliedsländern wird noch gearbeitet.

Um den Umgang mit der eigenen Macht erlernen zu können, gehört zur Ermächtigung der Kinder jedoch auch die Ausbildung ihres *Gespürs für Macht.* Die erforderlichen Erfahrungen machen sie, wenn sie in wachsendem Maße an Entscheidungsprozessen beteiligt werden und die Auswirkungen eigener Handlungen kennenlernen können. Sie brauchen Gelegenheit dazu, Probleme auf ihre Weise zu lösen, auch wenn die Erziehenden nicht die beste Lösung darin erkennen können, und über ein mit ihnen mitwachsendes Budget selbst zu bestimmen, um sich in den Umgang mit der Macht des Geldes einzuüben, auch wenn den Erziehenden manche Kaufentscheidung falsch erscheint. Nur Umwege, Abwege und Irrwege ermöglichen ein vielfältiges Lernen, eine Vorbereitung auf die Zeit der Wahl, die auf die Kinder zukommt.

Zu mehr Freiheit und Lebenskunst, zum gekonnten Umgang mit sich und Anderen verhilft auch die Vermittlung von Wissen: *Erziehung ist Aufklärung*, um altersgemäß mit der Wirklichkeit vertraut zu machen, wie sie subjektiv und nach gegenwärtigem Stand des objektiven Wissens erscheint. Der, der weiß, wie etwas funktioniert, kann besser damit umgehen: Welche Macht ein Wissen über Leben und Welt verleiht, wird bereits bei der Aufklärung über sexuelle Dinge erfahrbar, und diese Erfahrung lässt sich auf andere Bereiche des Lebens übertragen. Ein aufgeklärtes Verhältnis ist auch zu Illusionen möglich, wie Medien sie erzeugen, ein Popstar wie Kylie Minogue ist dabei behilflich, wenn sie offen gesteht: »Wir gaukeln ein wunderbares Leben vor, das es so nicht gibt« (Interview, 2010).

Dass ein Wissen über Wirklichkeiten und alternative Möglichkeiten zum Ausgangspunkt für Veränderungen und Verbesserungen werden kann, davon waren die Aufklärer aller Zeiten überzeugt. Einer Aufklärung bedarf jedoch auch die Auffassung, dass nichts zu akzeptieren, alles zu optimieren, besser noch zu perfektionieren sei, wie manche Eltern dies mit ihrer Lebensführung und ihrem Erziehungsstil vertreten. In Wahrheit sind Dinge zum Teil veränderbar, zum Teil nicht: Erziehung kann dazu anleiten, diese Unterscheidung immer wieder neu zu treffen und mit beiden Varianten leben zu lernen.

Auf Aufklärung setzt die Erziehung außerdem, wenn sie, anstatt das kindliche Eigeninteresse zu bekämpfen, zu einem *aufgeklärten Eigeninteresse* ermuntert. Sie regt zur Einsicht an, dass ein engstirniger Egoismus dem eigenen Ich am meisten schadet, denn wie könnte ich erwarten, dass Andere mir zur Seite stehen, wenn ich ihnen nicht zur Seite stehe? Wie fühle ich mich selbst, wenn Andere so mit mir umgehen, wie ich mit ihnen? Der Sinn der Goldenen Regel, Andere so zu behandeln, wie ich von ihnen behandelt werden will, erschließt sich bereits durch Überlegungen, ansonsten aber durch Erfahrungen.

Aufklärung ist hilfreich, um Möglichkeiten zu eröffnen, auf die es für Heranwachsende ankommt: *Erziehung ist Ermöglichung.* Um dieses

Anliegens willen sieht der liebende Blick der Erziehenden schon durch die Wirklichkeit des Kindes hindurch die Möglichkeiten, die »in ihm stecken«. Die erzieherische Liebe ist mehr als jede andere eine *ontologische*, alle Erziehung und Bildung dient dazu, Möglichkeiten zur Entfaltung zu verhelfen. Aber sie sollte die Heranwachsenden auch damit vertraut machen, dass nicht alles umstandslos Wirklichkeit werden kann. Damit sie sich nicht in Möglichkeiten verlieren, aus denen nie etwas wird, kommt es darauf an, einzelne Schritte zur Verwirklichung wieder und wieder gemeinsam mit ihnen zu gehen. Es ist sinnlos, ihnen etwas abzuverlangen, das zu tun ist, ohne ihnen praktisch zu zeigen, »wie es geht«. Ohne das zugehörige *Können* geht alles Wünschen und Wollen ins Leere. Kein Können aber versteht sich von selbst, nur durch Einübung und Wiederholung kommt es zustande und verhilft zu Erfolgserlebnissen, die ihrerseits neue Möglichkeiten ins Licht rücken.

Viele Möglichkeiten des Lebens mit Anderen wiederum tun Kinder und Heranwachsende selbst für sich auf. Sie gehen zusätzliche Beziehungen ein, die ihren Interessen entsprechen, und schließen Freundschaften, die ihnen andere Horizonte eröffnen. Der Umgang mit Gleichaltrigen macht andere Dinge möglich als der Umgang mit Erwachsenen, und in anderen Familien werden andere Welten erfahrbar als zuhause. Andere Welten erschließt auch der Gebrauch von Medien aller Art, sofern sie reich an Anregungen sind und nicht dazu verleiten, dem Leben nur noch von ferne zuzusehen und sich damit Möglichkeiten zu verschließen.

> Alle Erziehung und Bildung dient dazu, Möglichkeiten zur Entfaltung zu verhelfen.

Die Schritte der Ermächtigung, Aufklärung und Ermöglichung auf dem Weg zu Freiheit und Lebenskunst werden ergänzt von der Sinngebung: *Erziehung ist Sinngebung.* Von Bedeutung dafür sind die bereits genannten Ebenen, die zur Verfügung stehen. Sehr viel *körperlicher Sinn* entsteht durch die volle Entfaltung der Sinnlichkeit, die durch einfache Übungen der fünf Sinne im

Alltag angeregt wird: »Hast du das schon gesehen? Hörst du die Vogelstimmen? Wie riecht dieser Morgen? Wie schmeckt das? Wie fühlt sich diese Oberfläche an?« Auch der sechste Sinn für Bewegung lebt von Anregungen: »Wollen wir gemeinsam rennen?« Der siebte Sinn für die innere Wahrnehmung von Energien ist auf eine Feinjustierung der zugehörigen Sensoren angewiesen: »Was sagt dir das Gefühl in deinem Bauch?«

Seelischer Sinn wiederum geht daraus hervor, die gesamte Bandbreite von Gefühlen kennenzulernen, Vertrauen in ihre Wahrnehmung zu entwickeln und ihnen Ausdruck zu geben: »Zeig mir, wie du lachen kannst und wie du zornig bist!« Ganz von selbst entsteht seelischer Sinn in gefühlvollen Beziehungen, die aber eine Frage der Pflege sind: Erziehung vermittelt eine Wertschätzung von Beziehungen, indem die Erziehenden selbst Beziehungen wertschätzen. Von Sinn erfüllt ist letztlich der, der in Beziehungen lebt, in denen er sich selbst immer wieder als freudigen Glanz in den Augen Anderer wahrnehmen kann.

Auf geistiger, gedanklicher Ebene regt Erziehung dazu an, sich für abstrakte Zusammenhänge zu interessieren und sie durch Deutung selbst zu erzeugen: »Was denkst du darüber? Was ist das? Woher kommt das? Wie funktioniert das? Was könnte dahinterstecken?« Gezeigt zu bekommen und selbst zu erfahren, wie *geistiger Sinn* entsteht, ist der vielgerühmte Sinn des Vorlesens und Selbstlesens: Mitzuerleben, wie aus Gedanken Wörter und Sätze werden und diese sich zu Geschichten fügen, die beim Vorlesen noch dazu ganz nebenbei einen Zusammenhang zwischen den Beteiligten fühlbar machen.

Geistige Sinngebung heißt, *wirkliche* Zusammenhänge des Lebens und der Welt im Denken zu erfassen, ohne dass dieser Prozess je abschließbar wäre, und sich *mögliche* auszudenken, ohne dass allen Möglichkeiten eine Wirklichkeit entsprechen könnte. Zu den erdachten Möglichkeiten gehören Ziele, etwa ein Glück, das erstrebenswert erscheint. Aber Erziehung macht auch damit vertraut, dass allzu hohe Glückserwartungen eine höhere Anfälligkeit für Enttäuschungen mit sich bringen, dass es außerdem verschiedene Arten von Glück gibt und dass zum Menschsein ein Unglücklichsein gehören kann, sei es in Einsamkeit oder Gemeinsamkeit. Zur geistigen Sinngebung, um die die Erziehung sich bemüht, zählt ebenso das Offenhalten eines *umfassenden Sinns*, eines *möglichen* Zusammenhangs über das endliche Leben hinaus, sodass eine große Vielfalt von Sinn auf allen Ebenen erfahrbar wird, sinnlich, seelisch, geistig und womöglich transzendent.

Um viele Möglichkeiten des Lebens und des Sinns erfahren zu können, brauchen Menschen Mut; daher gilt von Grund auf: *Erziehung ist Ermutigung*. Ermutigend ist allein schon die Zuversicht der Erziehenden, in der die Kinder und die Heranwachsenden aufblühen, bei ihrem Ausbleiben aber dahinwelken. Ermutigend ist das Vertrauen darauf, Herausforderungen meistern zu können, und eine gute Voraussetzung dafür ist die Auffassung, dass ein Leben ohne sie wohl kaum wünschbar wäre, denn wie spannend könnte so ein Leben sein? Ermutigend ist vor allem der Erwerb von *vielerlei Können* unter Anleitung der Erziehenden: Sinnlich sein können, fühlen können, mit Anderen umgehen können, Gedanken ausdrücken können, Informationen gewinnen können, wählen können, handwerklich und technisch etwas können, kochen und aufräumen können …

Das Einzelkönnen summiert sich zum Lebenkönnen, entmutigend aber ist, *nichts zu können* und mit unerfüllbaren Anforderungen konfrontiert zu sein. Ermutigend bei der Entwicklung eines Könnens ist, eigene Stärken zu entdecken und auszubilden, aber auch die Schwächen zu kennen, um manche akzeptieren zu können, andere beheben zu wollen. Um immerzu nacharbeiten zu können, befähigt Erziehung letztlich zur *Selbsterziehung*. Für die Erziehenden selbst ist es ermutigend, die Kinder heranwachsen zu sehen und etwas gelingen zu sehen, das zwischendurch zu misslingen schien. Stolz schreibt James Joyce an seine Frau Nora (Brief vom 31. August 1909): »Wenn sie gut geraten und edelmütig sind, dann haben sie das von *uns*, Liebe.« Zum Teil jedenfalls, zu anderen Teilen von Anderen, Gleichaltrigen, Geschwistern, Freunden, Erziehern, Lehrern. Und Großeltern.

3.
Besonderheiten der Liebe zwischen Großeltern und Enkeln

So problematisch andere Beziehungen sein können, so unproblematisch ist eine, die häufig glückt: Die Liebe zwischen Großeltern und Enkeln. Die moderne Freiheit konnte dieser Beziehung erstaunlich wenig anhaben: Wenige wollen sich von ihr befreien. Eher ist ihr noch neue Bedeutung zugewachsen in einer Zeit, in der Beziehungen nicht selten missglücken: Wenn die Eltern sich zerstreiten, werden die Großeltern zur rettenden Oase.

Seit jeher und in allen Kulturen kommt Großmüttern eine Unterstützerrolle bei der Sorge für den Nachwuchs zu, zusätzlich sind Großväter in fortgeschrittener moderner Zeit mehr als je zuvor dazu bereit. Dabei wird die Beziehung zu den Enkeln sehr wohl von modernen Herausforderungen tangiert: Aufgrund moderner Arbeitsverhältnisse und Lebensmöglichkeiten wohnen die Großeltern meist nicht mehr unter demselben Dach oder im »Austragsstüberl« nebenan oder sonstwie in leicht erreichbarer Nähe. Sie führen ein aktiveres Leben als die Großeltern früherer Zeiten, fühlen sich lange jung und unternehmen viel, um körperlich und geistig fit zu bleiben. Stress resultiert für sie nach dem Ausscheiden aus dem Arbeitsleben noch aus der schwierigen Koordination von Verabredungen, allerlei Tätigkeiten, ehrenamtlichen Engagements, Kreuzfahrten und anderen Reisen.

Einige Faktoren widerstehen jedoch jeder Modernisierung: Kein noch so erfolgreiches, mit natürlichen und sonstigen Mitteln betriebenes *Anti-Aging* kann am faktischen Älterwerden etwas ändern. Das allmähliche Nachlassen der Kräfte hat zur Folge, nicht mehr im selben Maße agil und mobil sein zu können wie die Jüngeren. Was die kleineren Kinder noch nicht kennen, beginnen die Großeltern schrittweise hinter sich zu lassen: Die moderne *Kultur der Zeit*, geprägt von einer vergehenden, *linearen Zeit*, die ständig in Minuten und Sekunden gemessen wird. Der Eindruck der Atemlosigkeit, den diese Zeit vermittelt, ergibt sich aus dem ontologisch fragwürdigen Versuch, immer mehr Möglichkeiten in einer immer enger erscheinenden Wirklichkeit unterbringen zu wollen. In dieser linearen Zeit leben jedoch die Eltern, die immer neue Techniken dafür nutzen müssen, in schneller Abfolge möglichst viel zu realisieren: Rasch noch ein Meeting abzuhalten, telefonisch eine Verabredung zu treffen, einkaufen zu gehen, die Kinder von der Schule abzuholen, sie zum Sport zu bringen, bei Freunden vorbeizuschauen, Essen zu machen, vielleicht dank eines Babysitters ins Kino zu gehen, immer mit dem Gefühl, noch viel mehr, Anderes, Neues müsste möglich sein.

Für diese schnelle Zeitwelt der Eltern sind Kinder stets zu langsam, unentwegt müssen sie angetrieben werden. Sie bleiben aber gerne am Wegrand stehen, vollauf damit beschäftigt, die Wirklichkeit zu entdecken, die voller Wunder und Rätsel ist. Für die vielen Möglichkeiten darüber hinaus steht ihnen das gesamte künftige Leben zur Verfügung. Kinder sind nicht modern, die moderne Welt hat sich von Anfang an damit schwergetan, einen Platz für sie zu finden. In einem langwierigen Prozess erst ist es gelungen, Schutzräume für sie zu schaffen, Kinderspielplätze, Kinderhorte, Kindergärten, in denen sie vor den Bedrohungen durch technische Errungenschaften der Moderne wie etwa dem Autoverkehr sicher sind.

In der Grundstruktur ihres Lebens sind die Älteren, die sich aufgrund eingeschränkter Mobilität ihrerseits vor Techniken der Beschleunigung in Acht nehmen müssen, den Jüngsten nahe. Gerade weil die zeitliche Distanz zwischen den Generationen so ausgeprägt ist, passen ihre Zeiten gut zueinander, die gefühlte Nähe wirkt nicht erdrückend. Großeltern bewohnen mit ihren Enkeln die geruhsamere *Kultur des Raumes*, in der Dinge und Menschen verharren können, statt ständig fluktuieren zu müssen. Ihre gemeinsame Wirklichkeit kann sich zeitlich ausdehnen und wird nicht mehr von Möglichkeiten in die Enge getrieben. Sie können Stunden für einen kurzen Weg brauchen, der auf Schritt und Tritt aufregend ist. Liebevoll gepflegte, vertrauenswürdig wiederkehrende Gewohnheiten und Rituale, die einen ruhigeren Atem erlauben, bilden Inseln einer *zyklischen Zeit* im Meer der modernen Hektik.

Großeltern bewohnen mit ihren Enkeln die geruhsamere Kultur des Raumes.

Mag sein, dass Begegnungen mit den Enkeln seltener geworden sind als einst, dann aber haben Großeltern Zeit, ihnen zuzuhören und die Dinge der Welt zu erklären, ihnen vorzulesen und mit ihnen etwas zu unternehmen, spektakuläre Ausflüge ebenso wie alltägliche Arbeiten, an denen sie teilhaben können. Einige Jahre später werden die Großeltern, sofern sie sich nicht selbst mit den neuesten Techniken vertraut gemacht haben, von den Heranwachsenden in sie eingeführt. Moderne Kommunikationsmittel erlauben ihnen, auch über große Entfernungen in Verbindung mit den Enkeln zu bleiben, für die es ein Ereignis ist, wenn die Großeltern an sie denken, sich nach ihnen erkundigen und ihnen Mut zusprechen.

Dafür, dass der Wunsch nach Kontakten von beiden Seiten anhaltend groß ist, gibt es Gründe: Die Beziehung unterliegt keinem Zwang, sie ist keine lästige Notwendigkeit, sondern eine schöne Möglichkeit. Die starke *Bindung*, die diese Liebe ermöglicht, geht mit großer *Freiheit* einher, denn anders als den Eltern mit den Kindern steht es den Großeltern frei, mit den Enkeln umgehen zu wollen oder nicht; ebenso verhält es sich für den Umgang der Enkel mit den Großeltern.

Anders als manche Eltern, deren *ontologische Interessen* an Lebensmöglichkeiten mit denen der Kinder konkurrieren können, sehen die Großeltern in den Enkeln kein Lebenshindernis. Ihre Möglichkeiten haben sie zum größeren Teil schon gelebt und die verbleibenden sind nicht die, die für die heranwachsende Generation von Interesse wären. Die Eltern hingegen, die ihre Lebensmöglichkeiten noch nicht hinreichend realisieren konnten, werden naturgemäß von ihnen umgetrieben. In dem Maße, in dem sie selbst noch »jung sein wollen«, können sie den Heranwachsenden, die bereits die Realisierung eines eigenen Lebens beanspruchen, ins Gehege geraten.

Anders als die Beziehung zwischen Eltern und Kindern wird die zwischen Großeltern und Enkeln auch nicht von der alltäglichen Wirklichkeit dominiert, sondern als höchst erwünschte *Unterbrechung des Alltags* erfahren. Mit dem unvermeidlichen Ärger im Alltag sind die Großeltern nicht befasst, und wenn doch einmal, können sie großzügig darüber hinwegsehen. Die Enkel bemerken das und empfinden es als äußerst wohltuend. Zuhause sind sie in das Regelgerüst der Eltern eingespannt, bei den Großeltern aber gilt eine andere Ordnung. Hier sind die Verrücktheiten erlaubt, die die Kinder lieben und zu denen die Eltern im Stress der Alltagsbewältigung weder Zeit noch Lust haben. Zwar sind die Eltern nicht immer damit einverstanden, dass ihre Kinder bei den Großeltern ungewöhnliche Dinge tun dürfen, aber sie könnten sich daran erinnern, wie sehr sie selbst dies einst genossen. Der entstehende Freiraum ist in einem Maße frei vom Müssen, wie dies ansonsten nur in Freundschaften erfahrbar ist.

Die Großeltern repräsentieren eine *Idylle des Wohlwollens*, denn sie lassen die Enkel gutmütig gewähren und verzichten auf jede unsanfte Machtausübung, die ihrer Erfahrung nach ohnehin nichts bringt. Dass ihre Gelassenheit groß sein kann, kommt vom Lassenkönnen: Sie müssen nicht ständig eingreifen, korrigieren und kontrollieren, und dies nicht etwa nur aus der Einsicht heraus, dass es sich nicht lohnt, sondern auch, weil ihnen die erforderlichen Kräfte zur Intervention ohnehin nicht mehr voll zur Verfügung stehen. In diesem Klima, wie es etwa Bettine Brentano in ihrer Kindheit in besonderem Maße erfuhr, da sie nach dem Tod der Mutter bei ihrer Großmutter, der Schriftstellerin Sophie von La Roche aufwuchs, kann sich ein sehr eigenständiges Denken entfalten. Das heranwachsende Ich kann sich mit seinen Talenten in einer Weise entwickeln, die im Elternhaus, in dem eine bestimmte Konstellation von Notwendigkeiten die Räume besetzt hält, nicht immer möglich ist.

Womöglich mehr als die Eltern können sich Großeltern auf die Interessen und Bedürfnisse des Kindes einlassen, ihm ungewöhnlich viel Aufmerksamkeit widmen und es damit in seiner Entwicklung entscheidend fördern. Frei von der Letztverantwortung für die Erziehung können sie den Kindern zusehen, ohne ständig alles beurteilen zu müssen, was sie machen. Ihr Blick auf den Nachwuchs ist von jenem »interesselosen Wohlgefallen« geprägt, das Immanuel Kant in anderem Kontext als charakteristisch für die Wahrnehmung von Schönem bezeichnete (*Kritik der Urteilskraft*, 1790). Eltern aber stehen aus der Sicht von Kindern grundsätzlich unter *Erziehungsverdacht*, die egoistischen Interessen ihrer Erziehungsversuche sind nicht zu überhören (»ich will auch mal meine Ruhe haben«), und selbst ihre ethischen Interessen (»ich will nur dein Bestes«) machen nichts besser, denn Kinder sehen tendenziell ihr Bestes darin, ihren eigenen Interessen folgen zu können, die Eltern stören dabei nur.

Während Eltern dazu neigen, ihren Kindern Irrwege ersparen zu wollen, wissen Großeltern, dass die Zeit des Heranwachsens eine Zeit des Ausprobierens ist, und sie strahlen die Zuversicht aus, dass auch Um- und Abwege letzten Endes weiterführen. Ihre *Zurückhaltung im Erziehungsprozess* zeitigt letzten Endes eine größere erzieherische Wirkung als die unmittelbare elterliche Einflussnahme. Die entstehenden kindlichen Auffassungen davon, was schön und bejahenswert ist, die Wertvorstellungen, die sich daraus ergeben und auf lange Sicht für Orientierung sorgen, werden gerade von denen beeinflusst, die den Einfluss nicht offen anstreben und schon gar nicht offensiv beanspruchen. So können die Großeltern zu Vorbildern werden, ohne es unbedingt sein zu wollen.

Wie jede Liebe vermittelt auch die zwischen Großeltern und Enkeln eine enorme *Erfahrung von Sinn*, und der Prozess der Sinngebung ist wechselseitig. Bereits der Sinn aus *körperlicher Sinnlichkeit* prägt sich den Enkeln tief ein: Wie gemütlich es bei den Großeltern aussieht, wie heimelig die Dielen knarren, wie es bei ihnen riecht und wie alles, was zuhause ungenießbar erscheint, hier schmeckt – eine märchenhafte Welt, die für immer unvergesslich bleibt! Die Großeltern ihrerseits können dem heranwachsenden Leben in Gestalt der Enkel nahe sein und es in den Arm nehmen. Noch einmal erleben sie, unterstützt von Hormonen wie damals, als sie selbst Eltern wurden, die Entwicklung des Lebens mit seiner anfänglichen Unbefangenheit und erwachenden Neugierde, das beste Anti-Aging-Programm, das sich denken lässt.

Auf seelischer Ebene ist es die *gefühlte Wärme*, die Sinn spendet: Sie ergibt sich aus den überwiegend positiven Gefühlen und ist für beide Seiten weniger als im alltäglichen Zuhause von Auseinandersetzungen beeinträchtigt, weniger auch von momentanen Launen abhängig. Die Enkel müssen um diese Beziehung nicht fürchten, nicht bei schlechten Schulnoten und nicht bei strittigen Lebensentscheidungen. Mit großer Beständigkeit sind die meisten Großeltern generös, liebevoll, gastfreundlich, humorvoll und tolerant, jedenfalls werden sie von den Enkeln so wahrgenommen und zuweilen idealisiert, um ein Gegenbild zur gewöhnlichen Wirklichkeit vor Augen zu haben.

Mit erfundenen, nacherzählten und selbst erlebten Geschichten stellen Großeltern außerdem *gedanklichen Sinn* her. Kinder sind besonders neugierig auf Erzählungen von »damals«, und solange ihnen diese nicht aufgedrängt werden, können sie endlos wiederholt werden: »Erzähl mir von früher!« In den erzählten Geschichten wird Vergangenheit lebendig, sie wecken bei den Enkeln das Bewusstsein für ihre Herkunft, nicht nur familiär, sondern auch historisch. Die Großeltern verknüpfen die »kleine« Geschichte der Familie mit der »großen« Geschichte zurückliegender Zeiten, die sie zumindest teilweise selbst erlebt haben. Mit Erzählungen aus ihrer Kindheit und aus der Zeit, als die Eltern der Enkel selbst noch Kinder waren, vergegenwärtigen sie sich die Zusammenhänge ihres Lebens und schwelgen in Nostalgie. Mit dem Blick auf das gesamte Leben können sie momentane Geschehnisse besser einschätzen, Situationen und Probleme der Gegenwart vor diesem Hintergrund etwas relativieren.

Großeltern können vieles verstehen, da sie selbst vieles erlebt haben, schon aus diesem Grund erscheinen sie weise. Sie selbst waren nicht immer die Muster des Verhaltens, zu denen die Eltern die Kinder erziehen wollen, und auf den Unsinn, den sie einst machten, sind sie im Rückblick ziemlich stolz. Mit den Großeltern können die Enkel außerdem so manches besprechen, was mit den Eltern schwierig ist, wenn es um heikle Dinge geht. Ganz zwanglos geschieht das, ohne jede Zudringlichkeit und unter Wahrung der Diskretion, um das allzu Intime für sich zu behalten. Die Gespräche können offen sein, ohne Konsequenzen befürchten zu müssen. Alle Gespräche tragen wiederum zur Sinngebung bei, denn ein Sinn-Zusammenhang entsteht allein

Großeltern können vieles verstehen, da sie selbst vieles erlebt haben.

schon dadurch, dass der Gesprächsfaden nicht abreißt.

Wie von selbst öffnen die Großeltern schließlich den Horizont für *transzendenten Sinn*. Mit dem Blick füreinander fühlen sich die Generationen dem großen *Zyklus des Lebens* näher, denn zwischen dem werdenden Leben, das die Enkel sind, und dem vergehenden, das die Großeltern repräsentieren, schließt sich der Kreis. Eine Fülle von Sinn ergibt sich daraus, sich eingegliedert zu sehen in diesen umfassenden Zusammenhang, in die Unendlichkeit des in sich kreisenden Lebens. Das Leben ragt nicht mehr in ein Nichts hinaus, und für diese unvergleichliche Erfahrung ist nicht die häufige Begegnung, sondern die stille Präsenz füreinander im Hintergrund entscheidend. Die Großeltern gewinnen ein Bewusstsein dafür, dass das Leben nach ihnen weitergeht, ohne dass es dafür einer Metaphysik bedürfte: Im Gedächtnis der Enkel werden sie weiterleben. Den Enkeln rückt die Einsicht näher, dass ein Leben irgendwann zu Ende geht, auch wenn die Vergänglichkeit jetzt so fern erscheint, als wäre sie an die Älteren und Alten gebunden und könne dem eigenen Ich nie widerfahren.

Und wohin gehen die Großeltern, wenn sie sterben? Das beschäftigt alle Kinder, für die dieser Abschied meist die erste Begegnung mit dem Tod ist. Als der Großvater gestorben ist, bekommt der sechsjährige Cenk zu hören, es verhalte sich mit einem Menschen ganz ähnlich wie mit den Aggregatzuständen des Wassers: Was zunächst in starrer Form Eis ist, setzt sich mit der Erwärmung in Bewegung und beginnt zu fließen und zu leben. Beim Erreichen der Siedetemperatur aber bilden sich Wasserdampfblasen, die nach oben steigen und das Wasser in unsichtbares Gas verwandeln. Messerscharf schließt Cenk, sein Großvater müsse also »verdampft« sein (*Almanya*, Regie Nesrin und Yasemin Şamdereli, Deutschland 2010).

Nur wenige Menschen haben, wie Umfragen zeigen, schlechte Erfahrungen mit den Großeltern gemacht, jedenfalls in der Erinnerung ist das so. Die Großelternliebe kann so intensiv sein, dass sie einen wirklichen oder vermeintlichen Mangel an Elternliebe ausgleichen kann. Zur *schwierigen*

Liebe kann sie jedoch werden, wenn es für die Großeltern zum schmerzhaften Prozess wird, das Leben hinter sich lassen zu müssen. Das Leiden am Älterwerden beginnt sich auf die Haltung zum Leben und das Verhalten im Umgang mit den Jüngeren und Jüngsten auszuwirken. Die Beziehung ist nicht mehr frei vom Lebensneid, wenn der Blick auf die Enkel fällt, die das Leben mit einem unabsehbar weiten Horizont von Möglichkeiten, dessen Grenzen kaum absehbar sind, noch vor sich haben, während das eigene Leben zu Ende geht. Geradezu »ungenießbar« werden Großeltern, wenn sie aufgrund ihrer Erfahrungen die einzig mögliche Wirklichkeit zu kennen glauben und anhand dieses unverrückbaren Maßstabs die Abweichungen der nachwachsenden Generation in Weltsicht, Verhalten, Kleidung, Musikgeschmack und Haarschnitt messen und beurteilen. Nicht immer verfügen Großeltern über ein großes Zutrauen zur gegenwärtig sich entwickelnden Welt und ihren Möglichkeiten, während die Heranwachsenden ganz selbstverständlich ihre angestammte Heimat darin sehen.

In der Beziehung zwischen *Eltern und Großeltern* sind Konfliktherde angelegt, die auch die Beziehung zu den Enkeln beeinträchtigen können. Die Großeltern fühlen sich *gebraucht*, wenn sie den Eltern Entlastung bei der Mehrfachbelastung mit Familie und Beruf verschaffen können, *missbraucht* jedoch, wenn sie sich ausgenutzt sehen, da ihre Dienste zu sehr in Anspruch genommen werden. Diesem Problem können sie entgehen, wenn sie klar sagen, wozu sie etwa hinsichtlich der Zeiten der Kinderbetreuung bereit sind. In Fragen der Erziehung können sie Konflikten aus dem Weg gehen, indem sie die »Bestimmerrolle« der Eltern anerkennen und darauf verzichten, sich die Liebe der Enkel mit augenzwinkernder Kumpanei gegen den Erziehungsstil der Eltern zu sichern und mit allzu üppigen Geschenken zu erkaufen.

Vom Standardproblem der *Eifersucht* bleibt die Beziehung zwischen Eltern und Großeltern nicht verschont: Eifersucht empfinden die Eltern, wenn der Eindruck entsteht, die Liebe der Kinder gelte mehr den Großeltern, die alles erlauben, als den geplagten Eltern, die auch mal Nein sagen müssen. Manchmal provoziert dies den Vorwurf der Eltern, die Kinder zu sehr zu verwöhnen, während den Großeltern der Vorwurf auf den Lippen liegt, dass die Eltern sie zu streng behandeln (seltener umgekehrt). Weniger häufig wird die Eifersucht zwischen den Großeltern selbst zum Problem, die sich in unterschiedlichem Maße von den Enkeln geliebt fühlen können, häufiger die Eifersucht der Enkel untereinander, wenn sie sich benachteiligt sehen.

Und was ist, wenn keine Beziehung zwischen Großeltern und Enkeln zustande kommt, weil die Großeltern unter modernen Bedingungen ihr eigenes Leben leben wollen oder sehr fern sind oder schon nicht mehr unter den Lebenden weilen? Dann lassen sich die zahlreichen Möglichkeiten elektronischer und anderer Netze nutzen, um *Wahlgroßeltern* zu finden. Auch auf diese Weise können Beziehungen fürs Leben entstehen, mit den experimentellen Familienformen nimmt die Zahl *sozialer* Großeltern ohnehin zu. Statistische Erhebungen zeigen allerdings, dass *biologisch* begründete Beziehungen zwischen Großeltern und Enkeln etwas krisenfester und haltbarer sind, und dies nachweislich vor allem dann, wenn biologische Zweifel ausgeschlossen sind: Das ist beim Umgang der Großmutter mit den Kindern ihrer Tochter der Fall, während die Kinder ihres Sohnes »Kuckuckskinder« sein könnten, da der Vater immer ungewiss ist, *pater semper incertus*, wie dies schon in antiker Zeit hieß.

Schier unlösbar ist das Problem der ungern gesehenen oder gar *torpedierten Liebe* zwischen Großeltern und Enkeln. *Schwierige Schwiegerverhältnisse* werden häufig über die Kinder ausgetragen, die nicht verstehen können, was da geschieht. Einem Elternteil ist vielleicht die Beziehung der Enkel zu den Großeltern, die die Eltern des anderen Elternteils sind, ein Dorn im Auge, etwa weil die familiäre Konstellation davon zu eigenen Ungunsten verschoben wird. Die Beziehung wird unmöglich, wenn nach einer Trennung der Eltern die Großeltern ihre Enkel nicht mehr sehen dürfen und jeder Kontakt zwischen ihnen unterbunden wird.

Aus dieser leidvollen Erfahrung ging 2002 in Deutschland die *Großeltern-Initiative* hervor, die sich dafür stark macht, die Beziehungen zwischen Großeltern, Enkeln und Eltern auch nach Trennung und Scheidung nicht abbrechen zu lassen. Ein *Umgangsrecht* der Großeltern mit den Enkeln kann zum Bestandteil eines Scheidungsurteils werden, aber in der gelebten Praxis kann es dennoch unterlaufen werden.

Die schwierigste Situation für Kinder entsteht gleichwohl erst dann, wenn jeder feste Bezugspunkt fehlt, wie Eltern, Geschwister und Großeltern ihn darstellen können, sodass alles entbehrt werden muss, was kleine Menschen zuverlässig groß werden lässt.

4.
Und wenn Kinder Liebe entbehren müssen?

Nicht oder zumindest nicht auf förderliche Weise geliebt zu werden, kann zur traumatischen Erfahrung werden, da es die Gewissheit der Geborgenheit in der Welt erschüttert, bei Kindern weit mehr noch als bei Erwachsenen. Die Beziehung des Selbst zu sich, zu Anderen und zur Welt steht von Grund auf in Frage: Auf wen oder was kann ich bauen, wem vertrauen? Die *fehlende Liebe zum Kind* kann zur Folge haben, dass es psychisch und somatisch erkrankt. Die mangelnde körperliche Nähe und der Ausfall des Austauschs von Gefühlen und Gedanken beengen die Seele mit Ängsten und beeinträchtigen den Körper schwer. Was der britische Kinderarzt John Bowlby bereits 1951 (Studie für die Weltgesundheitsorganisation WHO) über die Bedeutung kindlicher Bindung und die Folgen ihres Fehlens sagte, wurde seither vielfach bestätigt.

Bleibt es bei Lieblosigkeit und Gleichgültigkeit, werden Vernachlässigung und Verwahrlosung wahrscheinlicher, mit gravierenden Konsequenzen für die Kinder, die die Sorge für sich selbst noch nicht wahrnehmen können. Verzögerungen in der Entwicklung und Fehlentwicklungen sind in vielen Fällen nicht wieder wettzumachen. Wie sich das auswirkt, zeigt sich beispielsweise daran, dass bei seelisch vernachlässigten Kindern die Körperzellen deutlich schneller altern: Durch frühzeitig verkürzte Chromosomen-Enden (Telomere) wird die Regeneration der Zellen fehlerhaft reguliert, ein Vorgang, der mit schweren Erkrankungen in Verbindung gebracht wird (*Molecular Psychiatry*, Mai 2011).

Dafür, dass ein Mensch sein Kind nicht liebt, kann es Gründe geben, denen er sich nicht in jedem Fall entziehen kann. In manchen Fällen stellt die Liebe sich einfach nicht ein, in anderen beruht der Mangel daran auf einer bewussten oder unbewussten Ablehnung des Kindes: Der Andere, mit dem es gezeugt worden ist, wird vielleicht nicht oder nicht mehr geliebt. Oder das Kind engt, ohne es wissen und wollen zu können, das Leben der Eltern in einer Weise ein, die erwünschte und erträumte Lebensmöglichkeiten ausschließt: Nie mehr unbeschwert ausgehen, nie mehr Karriere machen! Offen oder insgeheim machen die Eltern dem Kind das Dasein zum Vorwurf. Sie sträuben sich dagegen, dass es ihnen, ohne dies wissen und wollen zu können, Möglichkeiten verbaut, und dieses *ontologische Ressentiment* macht Liebe unmöglich. In ärmlichen Verhältnissen kann das Kind als zusätzlicher »Esser« die familiären Lebensgrundlagen spürbar einschränken, sodass der Wunsch aufkommt, Andere, die Gesellschaft und der Staat mögen sich darum kümmern, was auch immer das konkret heißen soll.

Heranwachsende, die fundamentale Bindungen entbehren müssen, versuchen die Leerstelle häufig durch frühe intime Beziehungen aufzufüllen. Ihre Suche nach Nähe und Verständnis vermengt sich nicht selten mit sexuellen Bedürfnissen: Fehlende Liebe und die vermisste familiäre Einbindung haben vermutlich mit dem Phänomen zunehmender Teenager-Schwangerschaften zu tun. In den neuen Beziehungen aber führen Probleme rasch zu Angst und Stress, denn die äußerst fragile Selbstbeziehung ist vom Mangel an Wertschätzung durch Andere bedroht. Aggressionen fungieren als Selbstschutz und stellen eine verzweifelte Reaktion dar, wenn die Beziehungen, denen das eigene Leben anvertraut wird, bedroht sind oder verloren gehen.

Neben der fehlenden wirkt sich eine *gewaltsame Liebe zum Kind* traumatisch aus. Die Gewalt kann ihrerseits Ausdruck einer fehlenden Liebe, einer Gleichgültigkeit sein, die es ermöglicht, das wehrlose Kind zum bloßen Objekt zu machen und Aggressionen an ihm abzureagieren. Sie kann auch Ausdruck einer *fehlgeleiteten* Liebe sein, sei es einer sadistischen Liebe, die in Gewalt ihre Erfüllung findet, oder einer einstigen Liebe, die aus irgendwelchen Gründen in Hass umschlägt. Vielleicht ist es eine Überforderung, die zur Gewalttätigkeit führt: Nicht zu wissen, was zu tun ist, nicht zu können, was erforderlich wäre. Es läge zuallererst am Überforderten selbst, nach Hilfe zu suchen und sie auch anzunehmen. Weil darauf allein aber nicht zu vertrauen ist, liegt es an den Menschen im sozialen Umfeld, auf Anzeichen von Gewaltausübung aufmerksam zu sein, um im Zweifelsfall von außen einzugreifen.

Aggressionen fungieren als Selbstschutz und stellen eine verzweifelte Reaktion dar.

Vielfach mit Schweigen übergangen wurde bis ins 21. Jahrhundert hinein eine weitere Art von fehlender und fehlgeleiteter Liebe, die aller Erfahrung nach traumatische Folgen hat: Die *missbräuchliche Liebe zum Kind*, mit oder ohne Anwendung von Gewalt. Beim sexuellen Missbrauch wird aus dem Kind ein gefügiges oder gefügig gemachtes Objekt, mit dem der Täter, der in vielen Fällen aus dem familiären und sozialen Umfeld kommt, leichtes Spiel hat. Er folgt seinem Geltungsbedürfnis, will eigene Macht erfahren, Frustration abreagieren, sich Lust besorgen, seiner Selbstliebe frönen und sich Wünsche nach »wahrer Liebe« erfüllen, die für ein Kind aber auch dann zur schweren Belastung wird, wenn es daran zunächst scheinbar nichts auszusetzen hat.

Ausgerechnet der *pädagogische Eros*, ohne den eine Erziehung von Kindern kaum gelingen kann, ist der Nährboden der Pädophilie. Wird der Eros mit körperlicher Erotik verwechselt, ist die Tür zum Missbrauch offen. Ein freies intimes Verhältnis kann es nur auf der Basis von Zustimmung geben, die in einem erzieherischen Verhältnis jedoch erschlichen und erzwungen werden kann. Selbst die *willentliche* Zustimmung kann keine *wissentliche* sein, denn ein Kind kann zwar ein emotionales, aber kein bewusstes Wissen von den fraglichen Zusammenhängen und Folgen haben. Was Vertrauenspersonen mit ihm anstellen, kann das Kind nicht durchschauen, zumal wenn das Verhalten spielerisch kaschiert ist. Mit Versprechungen kann es gelockt, mit Drohungen unter Druck gesetzt werden. Wenn es sich nicht wehrt, dies körperlich und seelisch auch gar nicht kann, wird es früher oder später sich selbst die Schuld am Missbrauch zuschreiben, sich vor sich ekeln und sich attackieren. Es wird sich hilflos fühlen, niemandem mehr vertrauen und mit einem gestörten Verhältnis zum eigenen Körper und zu den trügerischen Gefühlen tiefe Wunden fürs Leben davontragen.

Auf Prävention zielt eine *pädagogische Ethik*, die den Eros auf die seelisch-geistige Ebene konzentriert. Auch dem »Kinderliebenden« muss die Anstrengung zugemutet werden, seine Leidenschaft darauf auszurichten und den »Rest« für sich zu behalten. Wo aber die Gefahr eines so genannten Impulsdurchbruchs besteht, bleibt nur, unter Androhung von Sanktionen den betreffenden Menschen von Anreizen und erst recht von Kindern fernzuhalten. Bei Besitz und Nutzung von Kinderpornographie von einem *mittelbaren Missbrauch* auszugehen, ist gut zu rechtfertigen, denn wer dieses »Material« konsumiert, unterstützt mit seiner Nachfrage dessen Produktion, also unmittelbaren Missbrauch.

Es ist zuallererst Aufgabe der Menschen in *nächster Umgebung*, sich bei fehlender und fehlgeleiteter, gewaltsamer und missbräuchlicher Liebe bemerkbar zu machen und die Betroffenen nicht damit allein zu lassen. Zur nächsten Umgebung zählen der jeweils andere Elternteil, Geschwister, Großeltern und wer sonst mit den Kindern zu tun hat: Verwandte und Freunde, Paten und Bekannte, Eltern von Freunden, Erzieher und Lehrer, Betreuer und Sozialarbeiter, Therapeuten und Mediziner, Hebammen und Pflegende. Sie alle können überforderten Eltern einen Rat geben, ihnen die private oder professionelle Hilfe anbieten, die sie brauchen, um mit Problemen besser zurechtzukommen. Zeitweilig können sie ihnen den Umgang mit dem Kind abnehmen und fehlende Liebe vielleicht durch eigene Zuwendung und Zuneigung auffangen. Wo die individuelle Initiative nicht ausreicht, ist es Aufgabe der im Auftrag der Gesellschaft arbeitenden *Institutionen des Staates*, dem Kind die Umgebung zu vermitteln, in der die existenziell erforderliche Zuwendung und Zuneigung eher möglich ist, etwa durch die Unterbringung in einer Pflegefamilie oder die Freigabe zur Adoption.

Individuelle Unterstützung in weniger prekären Fällen können freiwillige Mentoren und *Paten* bieten. Sie sind als Lesepaten an Schulen gefragt, wo sie Kindern nicht nur vorlesen, sondern ihnen auch zuhören und manchmal besser mit ihnen ins Gespräch kommen können als Eltern und Lehrer, die dafür weniger Zeit haben. Ausbildungspaten kümmern sich um den schulischen und beruflichen Werdegang der ihnen anvertrauten Kinder. Sozialpaten stehen Familien bei, die aus dem sozialen Netz zu fallen drohen und mit ihrem Leben nicht mehr zurechtkommen. »Große Freunde für Kleine« (*Big Friends for Youngsters*) springen Alleinerziehenden zur Seite, um deren zeitliche und nervliche Belastung aufzufangen und ihrem Leben an einem kritischen Punkt eine Wendung zum Besseren zu geben. Mit einer besonderen menschlichen Beziehung und ihrem Engagement geben Paten denen, die in Schwierigkeiten sind, das Gefühl, das in moderner Funktionalität allzu häufig entbehrt werden muss: Dass da wenigstens einer ist, der nicht von Amts wegen nur eine Funktion erfüllt, sondern sich wirklich für sie interessiert.

Selbst unter unguten Umständen entwickeln sich Kinder trotz allem oft gut. Sie zeigen eine Widerstandsfähigkeit und Robustheit, eine *Resilienz*, von lateinisch *resilire*, »zurückspringen«, wie ein Bäumchen, das sich dem Sturm beugt und danach wieder aufrichtet. Resilienz versetzt Kinder unter schwierigsten Bedingungen in die Lage, sich zu behaupten und ein Leben zu verwirklichen, das ihnen bejahenswert erscheint. In die psychologische Begrifflichkeit eingeführt von Jack Block in der Mitte des 20. Jahrhunderts, lenkten vor allem Forschungen von Emmy Werner die Aufmerksamkeit auf das Phänomen der Resilienz, untermauert von der 1985 begonnenen Mannheimer Risikokinder-Studie.

Am Entstehen einer resilienten Lebenshaltung ist die *natürliche Ausstattung* eines Menschen beteiligt, aber es scheint auch regelrechte

Resilienz-Kulturen zu geben, die die Fähigkeit zur Selbstbehauptung fördern und fordern, Großstadtkulturen vorneweg. Entscheidend ist gleichwohl die Frage: Wie lässt sich die Resilienz bei den von Natur und Kultur weniger begünstigten Kindern *individuell* stärken? Welche Anregungen können ihnen von wem gegeben werden? Was können sie selbst tun? Nur zu hoffen ist auf das *Zufallsglück*, dass sie Menschen begegnen, die ihnen helfen können, bessere Umstände fürs Leben zu finden. Die glückliche Fügung hängt aber auch von der Haltung ab, die diese potenziell rettenden Menschen selbst einnehmen: Offen zu sein für Begegnungen, vielleicht sogar offensiv danach zu suchen und in ihnen, wenn sie sich ergeben, schicksalhaften Sinn zu sehen, wenngleich sich nicht klären lässt, wer oder was hier jemanden »schickt«.

> Resilienz versetzt Kinder unter schwierigsten Bedingungen in die Lage, sich zu behaupten.

Kindern und Jugendlichen erholsame Momente eines *Wohlfühlglücks* zu verschaffen, stärkt ihre

Widerstandsfähigkeit. Heranwachsende können diese Momente auch selbst suchen und finden und dabei die starke Erfahrung machen, dass sich allein ihretwegen schon das Leben lohnt.

Oft ist *sinnlicher Sinn* damit verbunden: Schönes zu sehen, Musik zu hören, etwas Leckeres zu essen, eine Umarmung zu genießen, bei manchen Erlebnissen ein »Kribbeln im Bauch« zu spüren. Anfassbare schöne Dinge sind wichtig, wie jedes Kind sie liebt und von denen es sich wiederum geliebt fühlen kann, in dessen Phantasie sie sogar die Stelle von Menschen und anderen Wesen vertreten können: Eine Puppe oder ein Stofftier kann zum treuen Begleiter in allen Lebenslagen werden. Einer zeitweiligen Flucht aus der Wirklichkeit gleicht der Versuch von Jugendlichen, das reale sinnliche Erleben durch virtuelle Erfahrungen zu ersetzen. Sie bedürfen einer Anregung, dass auf längere Sicht alle Sinne erforderlich sind, um sich mit ihrer Hilfe in der wirklichen Welt zu bewegen und zu orientieren und die körperlichen, seelischen und geistigen Fundamente des Daseins voll auszubilden.

Sehr viel *seelischen Sinn* vermitteln gefühlte Zusammenhänge, in denen die Energien zu fließen beginnen, mit deren Hilfe Schwierigkeiten und Bedrohungen aller Art pariert werden können. Menschen in nächster Umgebung können Kindern und Jugendlichen nahebringen, dass dieses Element der Resilienz zunächst in der gefühlten Beziehung zu sich selbst gedeiht. Den eigenen Narzissmus ein wenig zu pflegen und sich selbst zu umsorgen, fördert die Fähigkeit, mit sich gut umgehen und auf sich bauen zu können.

Einiger Sinn resultiert aus dem *inneren Zusammenhalt*, wenn ein Mensch über einen »sense of coherence« verfügt (Aaron Antonovsky, *Salutogenese*, 1987, deutsch 1997). Aber es kommt darauf an, ihn auf dem individuellen Weg zu seiner inneren Kohärenz zu bestärken, etwa mit einer realistischen Einschätzung seiner selbst, seiner Stärken und Schwächen, seines Könnens und Nichtkönnens. Mit Gewohnheiten und festen Tageszeiten für seine Tätigkeiten kann er sein alltägliches Leben selbst strukturieren. Dem Entstehen der Kohärenz ist es förderlich, Kunst zu machen, ein

Instrument zu erlernen, zu singen, zu tanzen, zu schreiben, zu malen, Theaterrollen zu spielen und sonst wie kunstvollen Ausdruck für die bedrückte Seele zu finden, auch Sport zu treiben und damit bereits auf körperliche Weise Selbstmächtigkeit zu erfahren. Von dieser Basis aus gelingt es besser, Situationen aktiv anzugehen, statt sich ihnen passiv ausgeliefert zu fühlen: »Ich werde das irgendwie bewältigen.«

Sodann können Menschen in nächster Umgebung einem jungen Menschen zu den gefühlten Zusammenhängen in der Vernetzung mit Anderen verhelfen, die seinem Leben Sinn geben und die soziale Kohärenz, den *äußeren Zusammenhalt* seines Lebens bilden. Heranwachsende erleben diesen Zusammenhalt im Umgang mit Anderen, bei denen sie Verständnis, Aufmerksamkeit, Wertschätzung und Unterstützung finden, befördert von gemeinsamen Erfahrungen, Interessen und Werten. Außerhalb einer bestehenden Familie oder Gruppe können sie aus eigenem Antrieb selbst nach vertrauenswürdigen Anderen suchen, wenn sie innerhalb nicht zu finden sind. Bei einer

Kunstausübung, beim Sport und anderen Unternehmungen und Herausforderungen können sie Anderen begegnen, Freundschaft schließen, ihr Sozialleben selbst organisieren und daraus den Sinn gewinnen, der ihr Leben bejahenswerter macht. Steht kein wirklicher Freund zur Verfügung, dann vielleicht ein vorgestellter.

Kraft resultiert auch aus der Hoffnung, im späteren Leben die Liebe zu erfahren, an der es jetzt fehlt. Und schließlich birgt ein gefühlter Zusammenhang mit der *Natur* sehr viel Sinn in sich: Von klein auf schöpfen Menschen immer neue Energie aus der Erfahrung von Natur, häufig beim Umgang mit Tieren, denen sie vertrauen und sich anvertrauen können.

Darüber hinaus hängt die Resilienz von Gedanken ab, die in einem jungen Menschen angeregt werden können, von Deutungen, mit denen er seiner Situation und seinem Leben einen subjektiven, *geistigen Sinn* abgewinnen kann. Das kann eine bestimmte Sichtweise sein (»ich sehe das so«), ein provisorischer Sinn, der misslichen Verhältnissen zugeschrieben wird (»für irgendetwas wird es gut sein«), eine Auffassung, dass im Leben alles irgendwie zusammenhängt (»alles hat einen Sinn«), eine Neugierde auf alles, was den eigenen Horizont sprengt (»mal sehen, was es sonst noch gibt«), eine Phantasie (»vielleicht ist alles ganz anders«). Die Resilienz wird in Gedanken gestärkt durch selbst gesetzte Ziele und Zwecke: Für etwas oder jemanden da zu sein, eine Aufgabe wahrzunehmen, eine Verpflichtung einzugehen, eine Verantwortung zu übernehmen.

Sogar von der geistigen Fähigkeit zur *Dissoziation* kann Gebrauch gemacht werden, schon Kinder greifen von selbst zu diesem Mittel, das nicht für pathologisch gehalten werden muss: Die Abspaltung des jetzigen Ich von einem früheren, des inneren Ich von einem äußeren, überhaupt jede Art der Selbstrelativierung und Selbstdistanzierung hilft dabei, sich von einer allzu belastenden Geschichte und Umgebung abzusetzen. Im Übrigen müssen nicht alle Probleme ständig bewusst bewältigt werden, vieles kann dem Unbewussten und dem Schlaf überlassen bleiben, denn der menschliche Geist arbeitet auch, wenn er scheinbar ruht. Vieles lässt sich »verträumen«, in Träumen verarbeiten, die die beunruhigenden Erfahrungen und belastenden Gefühle so lange durchspielen, bis mit neuen Verknüpfungen neuer Sinn entsteht, eingekleidet in Bilder und Geschichten, ohne dass das bewusste Selbst daran mitgewirkt hätte.

Von Vorteil ist, wenn in Gedanken die Gegensätze, Widersprüche und Widrigkeiten des Lebens als Elemente eines *Glücks der Fülle* betrachtet werden können. Das wird erleichtert von der Auffassung, die die Menschen in nächster Umgebung vermitteln können, dass schwierige Situationen zum Leben gehören und dass es möglich ist, sich in ihnen zu behaupten. Es wird erschwert vom Versuch, dem Leben einen Sinn zu geben, den es nicht erfüllen kann, beispielsweise immer nur positive Erfahrungen bereitzuhalten.

Die *Polarität des Lebens* als Gegebenheit zu akzeptieren, liegt Kindern ohnehin nahe, erst im Laufe des Erwachsenwerdens wird eine Frage der bewussten Haltung daraus, um außer Freuden auch Belastungen, außer Erfolgen auch Misserfolge, außer dem angenehmen Wohlgefühl auch ein Unwohlsein, außer Lüsten auch Schmerzen, außer der Oberfläche auch Abgründigkeit besser verkraften zu können.

Dass selbst das *Unglücklichsein* ins Leben integriert und daraus eine Ressource der Resilienz gemacht werden kann, führte beispielsweise die irische Schriftstellerin Ethel Voynich vor, die bald nach der Geburt ihre Eltern verlor und mit ihren Schwestern bei einem Onkel aufwuchs, der sie missbrauchte. Als Jugendliche trug sie Schwarz als Ausdruck ihrer Trauer, bevor sie ein abenteuerliches Leben quer durch Europa zu führen begann, in Berlin Musik studierte und 1897 den Bestseller *Die Stechfliege* (*The Gadfly*) publizierte, 1955 mit Musik von Dmitri Schostakowitsch verfilmt. 1960 starb sie 96-jährig in New York.

Zuletzt kann es wichtig sein, über die Endlichkeit und Wirklichkeit der menschlichen Existenz hinaus eine andere Dimension zumindest für möglich zu halten. *Transzendenter Sinn* erwächst bei Kindern aus einer naiven, natürlichen Religiosität, bei Heranwachsenden und Erwachsenen aus einem bewussten Fühlen und Denken, aus Deutung und Interpretation. Sehr viel Kraft kann daraus bezogen werden, das eigene Leben in einen solchen überwölbenden Horizont eingebettet zu sehen.

Aber um Widerstandsfähigkeit zu erlangen, ist nicht das volle Programm von Glück und Sinn erforderlich, es genügt ein Stück vom Glück, ein Quäntchen von Sinn. Sollten Menschen nicht von selbst ihren Anteil daran wahrnehmen und gestalten können, ist es die Aufgabe privater oder professioneller Unterstützer, ihnen dabei behilflich zu sein. Die wiederum sind am besten dazu in der Lage, wenn sie Glück und Sinn aus eigener Erfahrung kennen. Dann können sie einem Kind und Heranwachsenden, auch einem Erwachsenen den Weg zu einer guten Beziehung zu sich und zum Leben aufzeigen, um auf dieser Grundlage liebenswert für Andere zu werden und im Gegenzug das Geliebtwerden zu erfahren, das Menschen nun mal fürs Leben brauchen.

Textnachweis

Die Texte 1-4 gehen auf Erörterungen des Autors zur Familie zurück, Erstpublikation in: Wilhelm Schmid, *Dem Leben Sinn geben. Von der Lebenskunst im Umgang mit Anderen und der Welt*, 2013, Suhrkamp Taschenbuch.

Zum Autor

Wilhelm Schmid, geboren 1953 in Billenhausen (Bayerisch-Schwaben), Vater von vier Kindern, lebt als freier Philosoph in Berlin und lehrt Philosophie als außerplanmäßiger Professor an der Universität Erfurt. Zahlreiche Buchpublikationen.
www.lebenskunstphilosophie.de

Zur Illustratorin

Kat Menschik, geboren 1968, lebt mit ihrer Familie in Berlin und auf dem Land. Sie arbeitet für Zeitungen, Magazine und Buchverlage. Zuletzt erschien in der Insel-Bücherei: Mario Vargas Llosa und Kat Menschik, *Sonntag*. Erzählung (2016).

 Bezugspapier: Kat Menschik, Berlin. Gesetzt in der Schrift Adobe Garamond Pro. Gedruckt auf holzfreies, alterungsbeständiges Werkdruckpapier der Firma Cordier, Bad Dürkheim, von der Memminger MedienCentrum AG. Gebunden in Fadenheftung von der Großbuchbinderei Spinner GmbH, Ottersweier. Printed in Germany. ISBN 978-3-458-20513-5